RESPOSTAS ESPÍRITAS

Solicite nosso catálogo completo, com mais de 350 títulos, onde você encontra as melhores opções do bom livro espírita: literatura infantojuvenil, contos, obras biográficas e de autoajuda, mensagens espirituais, romances palpitantes, estudos doutrinários, obras básicas de Allan Kardec, e mais os esclarecedores cursos e estudos para aplicação no centro espírita – iniciação, mediunidade, reuniões mediúnicas, oratória, desobsessão, fluidos e passes.

E caso não encontre os nossos livros na livraria de sua preferência, solicite o endereço de nosso distribuidor mais próximo de você.

Edição e distribuição

EDITORA EME
Caixa Postal 1820 – CEP 13360-000 – Capivari – SP
Telefones: (19) 3491-7000 | 3491-5449
Vivo (19) 9 9983-2575 💬 | Claro (19) 9 9317-2800
vendas@editoraeme.com.br – www.editoraeme.com.br

DONIZETE PINHEIRO

RESPOSTAS ESPÍRITAS

Capivari-SP
– 2019 –

© 2019 Donizete Pinheiro

Os direitos autorais desta obra foram cedidos pelo autor para a Editora EME, o que propicia a venda dos livros com preços mais acessíveis e a manutenção de campanhas com preços especiais a Clubes do Livro de todo o Brasil.

A Editora EME mantém o Centro Espírita "Mensagem de Esperança" e patrocina, junto com outras empresas, instituições de atendimento social de Capivari-SP.

1ª edição – junho/2019 – 3.000 exemplares

CAPA | André Stenico
PROJETO GRÁFICO E DIAGRAMAÇÃO | Marco Melo
REVISÃO | Izabel Braghero

Ficha catalográfica

Pinheiro, Donizete, 1956
    Respostas espíritas / Donizete Pinheiro – 1ª ed. jun. 2019 – Capivari, SP: Editora EME.
    224 p.

    ISBN 978-85-9544-110-1

1. Espiritismo. 2. Estudo doutrinário. 3. Esclarecimentos à luz do espiritismo. 4. Perguntas e respostas.
I. TÍTULO.

CDD 133.9

SUMÁRIO

Capítulo 1
Esclarecimentos 9
Capítulo 2
Respostas espíritas 11
Capítulo 3
Deus 14
Capítulo 4
Mortos - comunicação 17
Capítulo 5
Reencarnação – crença 20
Capítulo 6
Encosto 23
Capítulo 7
Curas espirituais 26
Capítulo 8
Jesus – crença 31
Capítulo 9
Aborto 34
Capítulo 10
Espírito e perispírito 37
Capítulo 11
Sofrimento - conceito 40
Capítulo 12
Fim do mundo 43

Capítulo 13
Sonhos..47

Capítulo 14
Espiritualidade – ódio e amor..51

Capítulo 15
Espiritismo aspectos – ciência.......................................55

Capítulo 16
Santos..59

Capítulo 17
Maria de Nazaré..62

Capítulo 18
Divórcio..65

Capítulo 19
Morte prematura..69

Capítulo 20
Mortos – comemoração...72

Capítulo 21
Espiritismo – chefe..75

Capítulo 22
Suicídio..79

Capítulo 23
Médium..83

Capítulo 24
Espíritos - como nos consideram....................................87

Capítulo 25
Reencarnação – processo...90

Capítulo 26
Violência...93

Capítulo 27
Reforma íntima..96

Capítulo 28
Livre-arbítrio...100

Capítulo 29
Pena de morte 103

Capítulo 30
Espíritos - mensagens 107

Capítulo 31
Passes 111

Capítulo 32
Reunião mediúnica - participação 115

Capítulo 33
Espiritismo - vida social 119

Capítulo 34
Reunião espírita - orações 122

Capítulo 35
Religião 125

Capítulo 36
Política 129

Capítulo 37
Casas assombradas 133

Capítulo 38
Família - desavenças 137

Capítulo 39
Céu e inferno 140

Capítulo 40
Jesus - ressurreição 144

Capítulo 41
Magia negra 148

Capítulo 42
Vida extraterrestre 152

Capítulo 43
Vida espiritual 156

Capítulo 44
Demônios – possessão 160

Capítulo 45
Fé cristã 163

Capítulo 46
Mortes coletivas 166

Capítulo 47
Perdão 170

Capítulo 48
Eutanásia 174

Capítulo 49
Doação de órgãos – cremação 178

Capítulo 50
Determinismo 182

Capítulo 51
Evangelho - interpretação 185

Capítulo 52
Cartomantes - videntes 188

Capítulo 53
Natalidade - controle 191

Capítulo 54
Genialidade e deficiência mental – genética 195

Capítulo 55
Espíritos – sexo 199

Capítulo 56
Filhos problemáticos 203

Capítulo 57
Espíritos – aparições 207

Capítulo 58
Vidas passadas 210

Capítulo 59
Espiritismo – medo 214

Capítulo 60
Caridade 218

Capítulo 1

ESCLARECIMENTOS

AOS INTERESSADOS EM conhecer o espiritismo se recomenda começar pelo começo, ou seja, pelas obras de Allan Kardec. São os alicerces do pensamento espírita e todos devemos nos aprofundar na leitura, no estudo, na reflexão, sedimentando o conhecimento que servirá de suporte às experiências da vida e a novos ensinamentos espirituais.

Ocorre que a doutrina espírita tem um tríplice caráter, sendo, ao mesmo tempo, ciência, filosofia e religião. Tratando da vida espiritual e da relação dos espíritos com os encarnados, possui uma terminologia própria, definições, conceitos e informações cuja compreensão exige vontade de aprender e dedicação.

No entanto, muitas pessoas que chegam à casa espírita solicitam a indicação de alguma obra que lhes satisfaça a curiosidade imediata, um livro que permita uma visão mais rápida e de fácil compreensão sobre temas importantes da doutrina.

É esse justamente o objetivo deste livro.

Nele estão reunidos textos que publiquei num jornal de Adamantina nos anos 1995 e 1996. Destinados aos leigos, utilizei-me de uma linguagem simples e objetiva. No ano seguinte fiz uma publicação caseira do material e os exemplares aos poucos se esgotaram.

No entanto, vez por outra alguém me solicitava o livro e, infelizmente, não podia atender. A EME, então, gentilmente, resolveu fazer uma nova edição, devidamente revisada.

O leitor encontrará ideias repetidas em alguns temas, mas isso se fazia necessário à melhor compreensão do assunto dentro do capítulo. A abordagem, embora baseada nas obras espíritas, é pessoal, de modo que recomendo uma posterior comparação do exposto com o que pensam os demais estudiosos do espiritismo.

Como sempre, minha gratidão a Deus e aos amigos espirituais que me inspiram, a quem ainda suplico o amparo para continuar perseverante no ideal.

O autor

Capítulo 2

RESPOSTAS ESPÍRITAS

Sempre estamos em busca de respostas para os problemas que atormentam o nosso dia a dia e impedem que vivenciemos aqui mesmo a desejada felicidade.

Algumas respostas são fáceis e rápidas; outras, complexas e demoradas. Muitas vezes pensamos ter encontrado a melhor solução, para logo mais descobrirmos que nos enganamos. E, provavelmente, devem existir questões para as quais aqui nunca teremos respostas.

Inevitável, porém, tentarmos a solução do problema, porquanto é instintivo retirar o espinho que nos fere a mão, dar paz à mente e ao coração.

A grande dúvida que aflige a todos é: Qual a resposta verdadeira? Qual é a melhor resposta?

Quando Pilatos indaga de Jesus: O que é a verdade? – encontrou como resposta apenas o silêncio. Certamente Jesus poderia ter feito longa explanação filosófica sobre o assunto, mas o romano não entenderia.

No estágio evolutivo da Humanidade, a verdade é relativa, porquanto presa à capacidade de compreensão de cada criatura. Somente com Deus está a verdade absoluta.

Por isso, a nossa verdade não deve ser imposta, mas exposta.

Assim faz a doutrina espírita. Como ciência, filosofia e religião, analisa os fatos e apresenta suas conclusões, colocando-as à disposição dos interessados, que podem aceitá-las ou não.

Somos seres racionais e responsáveis. Devemos submeter ao crivo da razão todas as informações que chegam até nós, aceitando aquelas que nos pareçam as melhores e refutando as que fogem à lógica e ao bom-senso.

Não podemos, contudo, ficar presos ao dogmatismo, sempre incontestável e castrador. O mundo se renova constantemente. A ciência material avança celeremente sobre si mesma, reconsiderando posições e conceitos. O sobrenatural, o inacreditável ou o impossível do passado torna-se, muitas vezes, o real.

Desde 1857 o espiritismo tem oferecido respostas

aos problemas da Humanidade e graças a isso muitas criaturas se consolaram. Questões ainda não resolvidas pela ciência tradicional, que admite como certo só aquilo que os aparelhos podem detectar, encontram explicações nas palavras dos espíritos, que somos nós mesmos após a morte do corpo, porque a vida prossegue além-túmulo de forma racional e organizada.

Mas importa que continuemos juntos a buscar a verdade, porque, segundo o Mestre Jesus, somente a verdade nos fará livres.

Capítulo 3

DEUS

O QUE O ESPIRITISMO EXPLICA SOBRE DEUS?

SEM NENHUM PARÂMETRO para definir o indefinível e nem podendo alcançar o inalcançável, o ser humano imaginou Deus à sua imagem e semelhança. Na visão antropomórfica que domina a conceituação religiosa de Deus, o Criador é um ser humano aprimorado, sujeito à variação dos humores. Sua descrição é a de um homem grande, de barbas longas e brancas, posicionado em algum lugar do Universo, de onde o dirige, estando a sua direita reservada para os bons e a esquerda para os maus.

Como pode a formiga entender o ser humano? Falta-lhe algo imprescindível: a consciência de si mesma e a razão. Como podemos querer entender a essência do Criador incriado?

Allan Kardec, o codificador da doutrina espírita, questionando os espíritos superiores a esse respeito, não perguntou quem é Deus, porque isso já implicaria em presumir que é alguém. Limitou-se a perguntar "que é Deus?", permanecendo aberto para a resposta, que foi:

"Deus é a inteligência suprema, causa primária de todas as coisas, sendo Ele único, eterno, imutável, imaterial, onipotente, soberanamente justo e bom".

É o que basta para nós. Querer aprofundar seria perda de tempo e motivo para perturbação. Compreendendo Deus como a causa primeira de tudo que existe, e os Seus atributos, saberemos respeitá-lo e também seguir as Suas leis.

Para nós, o Criador se faz presente em todos os lugares ao mesmo tempo; trata todos com amor e justiça, indistintamente, sejam bons ou maus, negros, amarelos ou brancos, sábios ou ignorantes, ricos ou pobres, crentes ou ateus; concede igualmente a todos as mesmas oportunidades de desenvolvimento da inteligência e do amor, competindo-nos cumprir Suas leis ou sofrer as consequências naturais do reajustamento.

Ao mesmo tempo em que o entendimento da Sua essência está distante de nós, o Seu amor imensurável está bem próximo. Por isso, O adoramos, em espírito, agradecendo todas as bênçãos que a cada dia tem nos proporcionado, na caminhada incessante em busca da felicidade. Por aceitar a Sua justiça e o Seu amor, não O concebemos impondo-nos castigos, sabendo que mesmo as dores e os obstáculos da vida são experiências necessárias ao nosso amadurecimento. Sendo fonte inesgotável do amor, suplicamos-Lhe as forças necessárias à superação do sofrimento, porque reconhecemos a nossa pequenez.

Aprendemos, com Jesus, que Deus é o NOSSO PAI, que nos criou para o amor e a felicidade, mas que essa é uma conquista que devemos alcançar pelos nossos próprios méritos, pelo exercício constante do bem.

Capítulo 4

MORTOS - COMUNICAÇÃO

DIZEM QUE OS ESPÍRITAS CONVERSAM COM OS MORTOS. ISSO É POSSÍVEL?

SIM, MAS NÃO só os espíritas. Conversar com as criaturas que retornaram à espiritualidade não é "fértil imaginação" do espiritismo, mas realidade possível a qualquer pessoa e que ocorre desde a antiguidade, tanto que já na Bíblia encontramos a determinação de Moisés para que seu povo não evocasse os mortos (Deuteronômio, 18:11), o que evidencia que isso era uma prática naquela época. E, conforme narra o Evangelho, no episódio da transfiguração, Jesus conversou no alto do monte com Elias e com o próprio Moisés.

Se os mortos continuam vivos, apenas transferidos

para outro lugar, não existe, teoricamente, nenhum impedimento para que eles se comuniquem com os que aqui ficaram.

Contudo, a análise dos fatos, com racionalidade e bom-senso, sem as amarras do orgulho e do preconceito, não deixam qualquer dúvida de que a comunicação entre vivos e mortos tem ocorrido costumeiramente, nas mais variadas partes do planeta. A repetição dos fenômenos, aqui e acolá, no decurso dos tempos e nas diversas civilizações, aponta para a veracidade.

É comum sonharmos com parentes falecidos, e, muitas vezes, esse sonho é a lembrança do contato que com eles mantivemos durante o repouso. Alguns são tão reais e ficam gravados em nossa mente com tanta lucidez que chegam mesmo a mudar a nossa vida.

A mediunidade é um meio mais do que comprovado do contato com os que estão no Além. Por uma infinidade de médiuns, desencarnados têm consolado seus parentes e amigos que aqui ficaram, sendo suas mensagens submetidas ao confronto da realidade, com seus conteúdos confirmados, inclusive por exames grafotécnicos.

De outro lado, médiuns psicofônicos (ou de incorporação), respeitados pela honradez, são instrumentos que possibilitam a conversa dos chamados vivos com os espíritos, orientando-os ou sendo por eles orientados, conforme a condição evolutiva de cada um.

Nas reuniões mediúnicas, organizadas nas bases propostas por Allan Kardec, dialogamos com os espíritos como se o fizéssemos com qualquer outra pessoa viva (um encarnado), com naturalidade, sem a utilização de ritos ou palavras cabalísticas, porquanto, embora invisíveis aos olhos materiais e vivendo em outra dimensão, os espíritos continuam sendo as mesmas pessoas de antes.

Graças a Deus que é assim, porque a comunicação com os mortos é bênção que renova as nossas esperanças, demonstrando que não estaremos para sempre longe daqueles que amamos.

Capítulo 5

REENCARNAÇÃO – CRENÇA

Como é possível acreditar na reencarnação?

Pela observação e análise dos fatos. Vários são os argumentos que demonstram a realidade da reencarnação, mas tentaremos dar aqui os principais.

Em primeiro lugar, não podemos esquecer que Deus é justo e bom, em perfeição. Portanto, não concede privilégios e nem permite sofrimento indevido.

Admitindo-se que a alma vive apenas uma vez e foi criada no momento do nascimento, como explicar as diversas doenças e defeitos congênitos? Como pode um Deus justo permitir que uns filhos nasçam em berço de ouro e outros na choupana, na maior miséria? E as habilidades pessoais inatas, manifestadas em crianças desde a tenra idade, como os músicos precoces, sem que nunca tivessem tido contato antecedente com a teoria?

Agora, consideremos que as condições boas ou ruins da vida presente são o resultado daquilo que semeamos em vidas passadas, num encadeamento sucessivo de acontecimentos, e tudo parece ficar para nós mais claro e mais consentâneo com a Justiça Divina.

Dessa forma, aquele que foi rico e explorador de pobres numa encarnação, retorna em situação de miséria na vida seguinte, em novo corpo, para, pelo contraste, aprender a respeitar o semelhante. E o sábio de hoje é fruto do amadurecimento da alma em diversas vidas anteriores, assim como o ignorante de hoje terá oportunidade de reencarnar várias vezes até igualmente conseguir a sabedoria.

Existem milhares de casos pessoais comprovando a reencarnação. Crianças afirmaram, espontaneamente, recordar terem vivido em outro local, com outra família, falando outra língua, e tudo foi confirmado. Experiências de regressão da memória levaram pacientes a ter contato com suas personalidades anteriores, à medida que voltavam no tempo, sem que tivessem qualquer conhecimento dos fatos relatados.

O que parece difícil para muitas pessoas é entender como podemos tornar a ser criança e usar um novo corpo. Superficialmente, porque o aprofundamento do tema não é nosso objetivo, podemos dizer que a explicação está na plasticidade do corpo espiritual, que se reduz para adotar outra forma e habitar o novo corpo, sendo o espírito submetido a um parcial esquecimento do passado.

A reencarnação amplia a nossa esperança. Somos ainda espíritos imperfeitos. Morrendo na situação em que nos encontramos atualmente, com certeza estaríamos destinados ao suplício eterno, se ele existisse. Mas Deus quer a regeneração do criminoso e não a sua destruição, abrindo as portas da reencarnação para continuarmos trabalhando pelo nosso progresso, até atingirmos a pureza.

Capítulo 6

ENCOSTO

Existe mesmo aquilo que o povo chama de encosto?

O TERMO É bem popular, mas tem a sua razão de ser. Significaria a presença de um espírito junto a uma pessoa, passando a esta sensações ou pensamentos ruins. O fato é possível e mais comum do que se possa pensar.

Allan Kardec perguntou se os espíritos influem em nossos pensamentos e em nossos atos e a resposta dos instrutores espirituais foi: "Muito mais do que imaginais. Influem a tal ponto que, de ordinário, são eles que vos dirigem" (*O Livro dos Espíritos*, questão 459).

Devemos considerar, primeiro, que a nossa essência é espiritual, ou seja, nós somos uma alma encarnada num corpo de carne e retornamos à espiritualidade após a sua morte. Só não acreditam nisso os materialistas, para os quais a morte é o fim de tudo. As religiões divergem apenas nos detalhes.

A morte alcança somente o corpo físico, cuja matéria se decompõe e retorna à natureza. O espírito continua sendo o mesmo, com seus pensamentos, personalidade e sentimentos, mantendo sua individualidade graças ao perispírito, um corpo de natureza fluídica, cuja aparência é semelhante à do corpo material.

Libertando-se do corpo, passa o espírito a viver numa outra dimensão, que não é visível ao comum dos homens. Se as condições pessoais do espírito forem boas, será ele amparado na hora da morte e conduzido a cidades espirituais, para prosseguir aprendendo, trabalhando e se relacionando.

Porém, espíritos inferiores, presos às paixões materiais, não permitem socorro e permanecem em variadas situações na crosta do planeta ou em regiões que chamamos de umbral.

Muitos, face à continuidade das suas necessidades e sensações, não percebem ou não acreditam que a morte tenha chegado, imaginando-se em pesadelo ou loucura, porquanto não conseguem mais fazer as mesmas coisas e ninguém mais lhe dá atenção.

Outros, cientes da desencarnação, mas desorientados ou rebeldes, buscam o conforto na convivência com as pessoas que amam, como amigos e familiares; procuram se satisfazer ligando-se a desconhecidos com os mesmos vícios ou paixões; ou, por outro lado, se odeiam, buscam os inimigos para a desforra, estabelecendo processos de obsessão.

De qualquer forma, porque tudo é vibração, permutam, com os encarnados que sintonizam, os seus pensamentos, emoções e sensações. Assim, por exemplo, um espírito que tenha desencarnado com problemas respiratórios, enquanto não desperta para a realidade espiritual continuará sentindo a dificuldade de respirar; agora, se ele se aproximar de um encarnado, é possível que este venha a sentir o mesmo mal-estar, sem que na verdade tenha qualquer problema físico.

Isso só ocorre se o encarnado estiver em baixa vibração, ou seja, com pensamentos e atitudes negativos, como tristeza, mágoa, rancor, ódio, revolta etc. Afastada a causa espiritual, o encarnado retoma a sua condição de saúde.

Daí a importância de conhecermos os ensinamentos espirituais e, em especial, de vivenciarmos o Evangelho de Jesus, para que "encostem" em nós apenas os espíritos bons, em condições de nos amparar nesta vida.

Capítulo 7

CURAS ESPIRITUAIS

AS CURAS ESPIRITUAIS REALMENTE EXISTEM OU SÃO FRAUDES PARA ENRIQUECER OS CHAMADOS MÉDIUNS?

CURAS ESPIRITUAIS SEMPRE existiram. O Evangelho está repleto de curas realizadas por Jesus e seus apóstolos. A história da religião tem narrativas sobre as curas protagonizadas por homens posteriormente considerados santos pela Igreja Católica Romana, como Francisco de Assis e Antônio de Pádua.

Ocorre que, não se podendo explicar como as pessoas podiam ser curadas rapidamente e sem a intervenção médica material, preferiu-se simplesmente considerar o fato como milagroso, intervenção da mão de Deus.

Certamente que nada acontece sem a permissão de Deus. Contudo, não se pode quebrar a lei natural das coisas, porquanto essa lei é perfeita, já que emanada do Ser Perfeito. Assim, não é porque não conseguimos explicar um fenômeno que ele deixa de ser um fato possível dentro da natureza.

Hipócrates, médico que viveu na Grécia cerca de 400 anos antes do Cristo, nunca poderia imaginar que a medicina alcançaria os recursos modernos, como, por exemplo, cirurgias de olhos em que o paciente quase cego volta a enxergar imediatamente; destruição de cálculos por ondas de choque, sem incisão no rim; e até mesmo operações à distância com o uso de robôs e computadores.

No campo da medicina alternativa, vamos encontrar a acupuntura, praticada pelos chineses há milênios, curando as criaturas sem qualquer remédio ou cirurgia, valendo-se apenas da colocação de agulhas em pontos estratégicos do corpo humano.

Além disso, experiências comprovaram o forte poder curativo do magnetismo humano, conhecido desde os egípcios e largamente estudado e aplicado pelo médico austríaco Franz Anton Mesmer, capaz de proporcionar a transmissão de forças vitais de um ser humano a outro e favorecer a cura.

Dissertando sobre as curas espirituais em sua obra *A Gênese*, Allan Kardec diz que elas podem ser produzidas pelo próprio fluido do magnetizador e que nesse caso se trata de magnetismo humano, cuja ação se acha adstrita à força e, sobretudo, à qualidade do fluido do emissor. Afirma que, numa segunda possibilidade, a cura pode ser decorrente da ação direta dos espíritos, que aplicam fluidos curativos sobre o encarnado, sem intermediário.

Finalmente, esclarece que a cura também pode ocorrer pelos fluidos que os espíritos derramam sobre o magnetizador, que então serve de veículo para esses fluidos. É o magnetismo misto, humano-espiritual, em que o fluido humano é combinado com o fluido espiritual, adquirindo as qualidades necessárias para a cura.

Esses dois últimos tipos são os corriqueiramente vistos na prática espírita, especialmente na ação dos médiuns passistas ou dos médiuns curadores.

No século passado surgiram diversos médiuns de cura, destacando-se Arigó e Edson Queiroz, estes e outros se utilizando da invasão corporal, sob o argumento de que serviria à prova da imortalidade e da ação dos espíritos, mas cujo procedimento é totalmente dispensável e em verdade não recomendado. Se a própria medicina está evitando ao máximo abrir o corpo, não se justifica que os espíritos o façam. João Berbel, por exemplo, declarou ter parado de cortar quando foi alertado a respeito por Chico Xavier.

Como o mentor espiritual ensina no livro *Trilhas da libertação*, do espírito Manoel Philomeno de Miranda, psicografia de Divaldo Pereira Franco: "O período dos fenômenos mediúnicos ostensivos, ruidosos, mesmo chocantes, vai cedendo lugar às sutilezas do comportamento, à educação dos pacientes, de modo a ser lograda a cura real, e a mediunidade deixará o palco do exibicionismo, que a uns convence, mas não os transforma intimamente para melhor..." (capítulo Novos rumos).

Enfim, os espíritos superiores, detendo com maior amplitude o conhecimento das leis naturais, podem manipular a matéria e agir diretamente sobre o corpo carnal do paciente, ou no perispírito, que então reage curando a doença física.

Os fatos são provas incontestáveis. Mas, como quase tudo que é verdadeiro pode ser imitado, existem criaturas inescrupulosas que dizem curar, quando na verdade apenas enganam. Há também aqueles que eventualmente curam (muito mais pela própria fé do doente do que pela faculdade do médium), mas que infelizmente cobram por isso. Uns e outros assumem grandes responsabilidades perante a Justiça Divina e pagarão caro o prejuízo causado a terceiros.

Assim, se podemos nos socorrer do atendimento espiritual, devemos nos precaver e buscar os médiuns verdadeiramente sérios, que são aqueles desinteressados e que têm por único objetivo o bem do próximo.

Capítulo 8

JESUS – CRENÇA

O ESPIRITISMO ACEITA JESUS?

NÃO SÓ ACEITA, como estuda os seus ensinamentos e nos convida a colocá-los em prática. A base moral do espiritismo é a mesma moral de Jesus, o qual consideramos como o nosso modelo e guia, aquele que nos orienta os passos desde o princípio.

Nossa fé, porém, não é mística, mas racional. Não o adoramos, porque somente Deus é nosso Pai. Mas o respeitamos como nosso irmão mais velho, mais sábio e mais bondoso.

Ele é o caminho, a porta pela qual chegaremos até Deus. Suas lições e seus exemplos são paradigmas que procuramos entender e copiar.

A boa-nova, de quase dois mil anos, continua sendo nova para nós, e ainda não conseguimos alcançar completamente o significado da palavra Divina transmitida pelo meigo Rabi.

Religiões disputaram o domínio do Evangelho, mas enganadamente, porquanto ele a ninguém pertence. É de todos nós, que o compreenderemos e vivenciaremos consoante o nosso amadurecimento individual. É como a luz, cuja intensidade aumenta para nós na medida em que dela nos aproximamos.

O espiritismo não nasceu de nenhum cisma religioso, mas da análise dos fatos que apontavam para a existência de um mundo espiritual intimamente ligado com o mundo físico, ambos submetidos à mesma lei natural. Não veio para disputar adeptos e nem para os que estão satisfeitos com suas crenças, mas, sem coações de qualquer espécie, apresenta aos insatisfeitos, incrédulos e materialistas outra maneira de encarar a vida.

Allan Kardec, o codificador da doutrina espírita, preocupou-se em adotar a moral cristã, pois sem esta o pensamento científico ou filosófico é instrumento de destruição e não de progresso.

Conforme Kardec anotou em *O Evangelho segundo o Espiritismo*, as matérias contidas nos Evangelhos estão divididas em cinco partes: 1. Os atos comuns da vida do Cristo; 2. Os milagres; 3. As profecias; 4. As palavras que serviram para o estabelecimento dos dogmas da Igreja; 5. O ensino moral.

As quatro primeiras sempre foram motivo de discórdias, mas o ensino moral permanece sem grandes ataques. Nenhuma religião cristã duvida que tenha Jesus nos falado das bem-aventuranças, poema de consolação aos aflitos e desesperados; pregado o amor a Deus sobre todas as coisas e ao próximo como a si mesmo; recomendado o perdão das ofensas setenta vezes sete vezes; alertado que para o ingresso nas regiões sublimes é necessário ter puro o coração; fazer o bem sem ostentação e desinteressadamente.

O espiritismo dá às palavras de Jesus – que costumava falar às pessoas por parábolas – a explicação que mais lhe parece consentânea com o todo evangélico, atendo-se mais ao espírito, que vivifica, do que à palavra, que mata, procurando torná-lo compreensível ao nosso entendimento.

O Evangelho do Senhor, para nós espíritas, deve ser mais que uma fórmula a ser recitada e repetida, mas uma regra de conduta a orientar o relacionamento das criaturas para o bem, o caminho infalível para a felicidade.

Capítulo 9

ABORTO

Estou grávida. No entanto, não quero este filho e pretendo abortá-lo. O que o espiritismo acha disso?

A VIDA CORPORAL é bendita oportunidade concedida por Deus para o engrandecimento da alma.

Ao contrário do que muitos imaginam, desde a concepção o espírito reencarnante já se encontra vinculado ao corpo em formação e, em especial, à mãe. As afirmações espíritas nesse sentido foram corroboradas por psiquiatras e psicólogos, nas experiências de regressão da memória, mediante indução ou hipnose, pelas quais diversas pessoas deram relatos da vida intrauterina, destacando-se o trabalho feito pela psicóloga americana Dra. Helen Wambach e apresentado na sua obra *Vida antes da vida* (1984).

Estabelecida a gravidez, querendo-a ou não, assume a mulher a sagrada condição de depositária de uma vida, da qual não poderá dispor, sob pena de graves consequências a serem reparadas de imediato ou num futuro próximo ou remoto. Aliás, não temos o direito de dispor nem mesmo da nossa própria vida, sendo o suicídio igualmente considerado violação das leis de Deus.

Complicações de parto, causando a morte da mulher ou a extração do útero; impossibilidade física de engravidar ou gestação difícil; e cânceres ginecológicos são algumas das possíveis consequências desastrosas para a mãe abortista, ainda nesta reencarnação ou em reencarnações vindouras. E todos que, de alguma forma, concorreram conscientemente para o aborto também sofrerão os reveses do ato insano, seja na companhia da mulher que enjeitou a criança ou isoladamente.

Quanto ao espírito cuja reencarnação foi interrompida, se for compreensivo, aguardará uma nova oportunidade; mas se rebelde, poderá revoltar-se contra aqueles que lhe impediram o nascimento, iniciando um processo de perseguição espiritual, que se denomina obsessão, o qual poderá lhes provocar desequilíbrios mentais e enfermidades variadas e complexas.

Nada acontece por acaso na lei divina. Na maioria das vezes, o espírito reencarnante tem com os pais, ou só com a mãe, laços espirituais de outras vidas, de amizade ou inimizade, constituindo a nova vida concessão do Criador para o amparo mútuo ou necessário reajuste.

O aborto, assim, ressalvada a hipótese de perigo para a vida da mulher, será sempre considerado grave crime perante as leis de Deus, convertendo-se em motivo de grandes dores aos infratores, mesmo que a legislação humana, ainda muito ajustada aos interesses egoísticos, o torne lícito.

Capítulo 10

ESPÍRITO E PERISPÍRITO

O QUE É ESPÍRITO E O QUE É PERISPÍRITO?

O MATERIALISTA ACREDITA que o ser humano é somente matéria que pensa; nada existe além da carne. O espiritismo admite também a alma e sua sobrevivência após a morte do corpo. Alma e espírito são a mesma coisa, mas por didática diz-se espírito quando a alma não está encarnada.

O espírito, criado por Deus simples e ignorante, desenvolve-se e se individualiza passando por diversas experiências nos reinos da Natureza. Já é possível identificá-lo nos animais, que revelam uma inteligência primária, alguns lances de raciocínio e até mesmo manifestações afetivas. No ser humano, o espírito alcança a consciência de si mesmo. Como disse o filósofo Descartes: "Penso, logo, existo".

De natureza íntima que ainda desconhecemos, sua individualização depende da união com uma matéria em estado intermediário, ou por outra, da sua ligação com um fluido especial. Essa união cria um envoltório, um corpo para o espírito, que denominamos perispírito.

Não se pense que isso é invenção de espírita. Paulo, em suas epístolas, a ele se referiu como corpo espiritual ou corpo incorruptível; os egípcios o chamavam de Ka, os chineses de Khi; Aristóteles fala em corpo sutil e etéreo; Confúcio identificou-o por corpo aeriforme.

O perispírito é semelhante ao corpo de carne, célula por célula. Assim, quando da chamada morte, que é simplesmente a destruição do corpo físico, o espírito se liberta, mas conserva o corpo espiritual, com o qual é identificado no mundo dos espíritos. Isso significa que, depois da morte, as pessoas irão se reconhecer; saberemos quem é o nosso pai, nossa mãe, parentes, amigos, desafetos etc.

O perispírito é muito mais sensível e moldável. É através dele que os pensamentos e as emoções da alma chegam até o corpo de carne e as sensações deste alcançam a primeira. É o que se denomina repercussão. Por isso, uma alma doente provoca doenças no corpo e as agressões contra este atingem a alma, ficando registradas no perispírito. Exemplificando, imaginemos que nós (pois nós somos alma) estejamos vivendo graves problemas emocionais, tensão nervosa; esse desequilíbrio repercute no corpo em forma de úlceras ou gastrites. De outro lado, se matamos o nosso corpo com um tiro na cabeça, o cérebro do perispírito também se desorganizará, podendo acarretar para nós uma nova vida na condição de doente mental.

Na espiritualidade, é possível moldá-lo com a força do pensamento, em se tratando de espíritos mais conscientes. Assim, se morremos velhos, podemos rejuvenescer, mantendo a aparência com a qual mais nos sentimos melhores. Eventuais defeitos do corpo podem ser reparados no perispírito por uma nova disposição mental.

O perispírito não é, portanto, uma mera aparência; é organizado, com órgãos e membros, como um corpo humano, mas de uma constituição mais fluídica.

Assim como a medicina ainda tem muito para conhecer do corpo humano, há muito mais o que se aprender sobre espírito e perispírito, e o conhecimento dessas realidades nos permitirá entender melhor os mecanismos da vida, de modo a pensarmos e agirmos consoante a lei natural, o que nos proporcionará fruir da paz e da alegria.

Capítulo 11

SOFRIMENTO - CONCEITO

O QUE É O SOFRIMENTO PARA O ESPIRITISMO?

TODOS QUE HABITAMOS este planeta enfrentamos lutas, obstáculos, problemas, dificuldades. Quem se diz isento de problemas é porque tem vivido egoisticamente, sem se preocupar com a dor do próximo. Ao contrário do que costumamos acreditar, tudo isso não é castigo de Deus, que é amor e justiça em perfeição e deseja a nossa felicidade. São provas necessárias ao nosso aprimoramento; sem elas, seríamos ainda trogloditas das cavernas, ignorantes e selvagens. Graças à necessidade de lutar contra as adversidades é que alcançamos o progresso intelectual e o aprimoramento das relações humanas, embora este caminhe a passos de tartaruga em comparação com aquele.

O sofrimento, na verdade, não decorre do problema em si mesmo, mas das nossas poucas condições para enfrentá-lo. É, pois, de natureza subjetiva, peculiar a cada criatura. Por isso que as situações não acarretam sempre as mesmas reações em pessoas diferentes.

São comuns os comentários de que os espíritas são frios quando da morte de parentes ou amigos, ao passo que o normal é o desespero e até a revolta. Puro engano das criaturas. Sentimos a separação daqueles que amamos e dói-nos a ausência, mas a doutrina espírita nos ensinou que a morte não existe; que o retorno à espiritualidade, em condições naturais, é um bem para quem regressou; e que em breve estaremos reunidos no Além. Esse conhecimento fortalece a nossa fé e suportamos o transe de maneira mais equilibrada, o que significa sofrer menos.

Blasfemamos contra a dor, mas a dor é um bem, porque demonstra que estamos doentes e onde; sem ela perecíamos mais depressa. Igualmente lamentamos a doença, mas a doença, em regra, é sinal de que levamos uma vida inadequada, convidando-nos à renovação e ao indispensável crescimento espiritual.

Há uma lei natural denominada "causa e efeito". Em razão dela, toda ação implica numa consequência, de natureza semelhante, boa ou ruim. Quem planta flores, colherá flores; mas quem semeia espinhos só poderá colher espinhos. É uma regra inderrogável, da qual não se escapa; mais cedo ou mais tarde, nesta vida ou em futuras encarnações, estaremos recolhendo os frutos da nossa semeadura.

Dessa maneira, se padecemos de uma cirrose hepática, é bem provável que a causa seja o abuso do álcool ou da alimentação, nesta vida ou em outras vidas; se sofremos o abandono e a ingratidão dos filhos, isso pode ser fruto das nossas próprias condutas, por educá-los de forma incorreta; dificuldades financeiras comumente decorrem da nossa incapacidade de gerenciar os negócios ou dos desperdícios com os gozos materiais.

Nós somos os construtores da nossa felicidade ou infelicidade. Por isso, é imprescindível que comecemos a meditar no nosso modo de vida, fazendo uma avaliação das nossas condutas, para eliminar aquelas negativas e fortalecer as positivas, sabendo que todo o bem que fazemos ao nosso próximo é o bem que atraímos para nós mesmos, e assim arredando para longe o sofrimento.

Capítulo 12

FIM DO MUNDO

O FIM DO MUNDO OCORRERÁ UM DIA?

VEZ POR OUTRA, em razão de uma ocorrência desastrosa da natureza, fato histórico ou previsões de profetas, amedrontam-se as pessoas diante da possibilidade da total destruição do nosso planeta.

No século passado, por volta de 1980, uma seita do nordeste brasileiro, denominada "Borboletas Azuis", anunciou que o fim do mundo ocorreria em determinado dia. Frustrada a previsão, o apocalipse teria sido prorrogado inutilmente. Logo depois o seu líder morreu e a seita se esvaziou.

Para 2012 também se imaginava o fim, por causa das supostas profecias Maias, gravadas em pedra. O fato gerou grandes discussões, celeuma mundial e temor para muitos, sem que, obviamente, algo de terrível acontecesse.

Não é de agora que se aguarda um fim catastrófico para o nosso mundo. Previsões apocalípticas de João, o evangelista, mencionaram um tempo de destruição, com muito choro e ranger de dentes. Imaginaram que isso fosse ocorrer na virada do ano 1.000, mas nada houve de extraordinário. Posteriormente vieram as narrativas premonitórias de Nostradamus, em forma de versos, muitas delas, acreditam os estudiosos, já cumpridas.

A possibilidade de uma guerra nuclear não foi descartada, pois muitos países conservam suas armas ameaçando prováveis inimigos.

Que ninguém tenha medo.

O mundo não está à deriva, como um barco solto na correnteza caudalosa. Deus está no leme. O mundo não é aquilo que desejamos, mas o que o Criador permite que ele seja para o devido aprendizado das criaturas. Se está difícil viver por aqui, com muitas doenças, misérias e guerras, é o que nós ainda precisamos para entender que somente o amor nos conduzirá à felicidade plena.

Não se imagina um exímio escultor, em sã consciência, destruindo a obra-prima de sua vida. Ora,

Deus, sabedoria em perfeição, cria planetas para que sejam úteis à evolução dos espíritos e só os destrói, renovando a matéria, depois de bilhões de anos e quando já cumpriram o seu propósito. Os espíritos, por sua vez, sendo imortais, passam a residir em outras moradas mais aperfeiçoadas. Tudo está conforme a previsão de Deus e não segundo a nossa pouca compreensão da vida universal.

Aguardemos, no entanto, profundas transformações. A evolução, às vezes, requer um pouco de destruição, em especial a destruição daquilo de ruim que ainda temos dentro de nós. Segundo os espíritos superiores é chegada a hora do nosso planeta alcançar uma nova etapa de progresso, na qual a vida será mais amena. Estamos sendo todos testados, como alunos da escola Terra, avaliados em exame para a admissão em grau superior, ao qual Allan Kardec denominou de mundo de regeneração.

Essa transformação, moral e também material, obedece à lei da natureza, que não dá saltos; iniciada há algumas décadas, ainda levará outros séculos para se ultimar. Nós, como espíritos ou como encarnados, estaremos acompanhando essa mudança, sendo, ao mesmo tempo, seus agentes e sujeitos.

Lembremo-nos, porém, do alerta de Jesus, de que "só os bons herdarão a Terra", querendo o Mestre dizer que precisamos adquirir as virtudes do amor, praticarmos a verdadeira caridade, se quisermos ter como morada este nosso planeta.

Capítulo 13

SONHOS

O QUE SONHAMOS É REALIDADE OU FICÇÃO?

A COMPREENSÃO EXATA do que seja o sonho depende primeiramente de entendermos a essência humana. O ser humano, na verdade, é uma alma (ou um espírito) ligada a um corpo de carne, que utiliza para viver aqui na Terra. Não está presa a esse corpo como um pássaro na gaiola; pode dele se afastar e o faz em estados especiais, mas a ele permanece unida por laços fluídicos e que só se rompem com a desencarnação.

Esse afastamento pode ocorrer com todos nós quando estamos dormindo. É o que se denomina emancipação da alma. O que se dá conosco durante o sono depende dos nossos interesses pessoais e da nossa evolução espiritual.

Diante de problemas intrincados do cotidiano, questões profissionais e outras mais ligadas às coisas materiais, muitas vezes o espírito nem se afasta do corpo ou dos limites estreitos de sua residência. Mantém-se mentalmente envolvido pelos problemas, angustiando-se com eles ou buscando eventuais soluções.

Em outras condições, afastamo-nos completamente do corpo e saímos em busca daquilo que possa nos dar prazer, como, por exemplo, encontrar com pessoas que amamos – encarnadas ou desencarnadas, desta ou de vidas passadas – e visitar determinados lugares. Também podemos procurar desafetos, para a concretização de uma vingança, estabelecendo até mesmo perseguições. Espíritos mais desprendidos podem se afastar da crosta terrestre, seguindo para as colônias e cidades espirituais, em expedições de aprendizado ou de trabalho.

Há possibilidade, igualmente, de um retorno mental ao passado, pela retrocessão da memória; ou de penetração no futuro, no fenômeno de premonição, cujo processo ainda não é suficientemente compreendido.

Como o pensamento é gerador de imagens, o que pensamos, vemos e fazemos durante o sono converte-se em quadros mentais, que vão sendo registrados no inconsciente, como num aparelho de vídeo. Alguns fatos impressionam a alma de forma mais forte e, então, partes desses registros são transferidas para o consciente, daí surgindo os sonhos. Sonho, pois, é apenas uma recordação do que o espírito vivenciou durante o sono.

Ocorre que o cérebro material, por causa de sua vibração mais grosseira, nem sempre capta os registros de forma coordenada e lógica, misturando os dados que lhe chegam, entre si ou com outros que já estão registrados, originando sonhos e pesadelos absurdos. Numa comparação grosseira, é como se alguém reunisse num filme cenas aleatórias de vários outros filmes, mas de forma desordenada. Em razão disso, é extremamente difícil a decifração dos nossos sonhos. No entanto, quando relevante à pessoa, essas ocorrências oníricas assomam para o consciente nos momentos próprios, apresentando-se como uma intuição ou pressentimento.

Interessante observar que as sensações e emoções vividas pelo espírito durante o sono são reais e transferem-se para o corpo, acarretando neste transpiração, cansaço e taquicardia, ou refazimento e equilíbrio.

Assim, o sonho pode ser realidade ou pura criação mental. A vida do espírito durante o sono, porém, é verdadeira, a mesma vida que iremos encontrar depois da morte. Por isso é que se diz que dormir é preparar-se para morrer. Vivamos bem acordados e, com certeza, começaremos a ter bons sonos e sonhos.

Capítulo 14

ESPIRITUALIDADE – ÓDIO E AMOR

DEPOIS DA MORTE, O QUE TEM MAIS FORÇA, O ÓDIO OU O AMOR?

O AMOR É o sentimento maior, mais poderoso, em qualquer dimensão. De origem divina, está em germe em todos nós e nossa missão é desenvolvê-lo em sua plenitude. Por mais ignorante ou cruel que possa ser uma pessoa, possui ela a essência do amor em seu coração, aguardando o inevitável desabrochar. Aprender a amar, pois, é a razão da nossa vida.

O ódio é a revolta daqueles que ainda não conseguem amar. Como a sombra, que é simplesmente a ausência da luz, o ódio é a ausência do amor. É fruto do orgulho e do egoísmo, próprios da animalidade que ainda nos domina. Não tem o ódio bases sólidas verdadeiras. É como a construção de um prédio na areia: à medida que se levanta o próprio peso acarreta a sua queda. Carrega, ele, em si mesmo, a espoleta autodestrutiva.

No mundo físico, o ódio parece ter mais força, porque é violento, agressivo, destruidor. O amor, contudo, é mais resistente: consegue suportar os golpes do ódio, conservando-se intacto. Enquanto a manifestação do ódio implica em perda de energia para aquele que o carrega, na defesa passiva o amor mais se engrandece. Jesus entregou-se pacificamente aos seus algozes, e o seu amor envolveu a Humanidade e perdura no tempo. Gandhi pregou obstinadamente a não-violência, e o seu amor converteu-se em libertação e paz para os indianos e exemplo para todos nós.

O ódio é apressado e sua ação é imediata, impulsiva, impensada, sem medir as consequências do ato. Um segundo de ódio é capaz de destruir a vida, relacionamentos afetivos ou patrimônios materiais construídos com grande esforço. O amor é paciente: aguarda serenamente que o tempo se encarregue de revelar a verdade, mantendo-se confiante em Deus.

Obviamente que tudo isso não pode ser considerado nos restritos limites do presente e da vida material, mas tendo-se em conta que somos espíritos imortais.

Ódio e amor são sentimentos da alma. Portanto, acompanham-nos no além-túmulo, pois na espiritualidade continuaremos a manter a nossa individualidade. Ao contato com a nova realidade (a espiritual), muitos espíritos conseguem avaliar a infantilidade dos sentimentos mesquinhos que nutriam aqui na Terra e se transformam. Outros, porém, notadamente quando deixaram o corpo vitimado por desafetos, mais exacerbam o seu ódio e a sua revolta, passando a fazer a infelicidade alheia.

A ação desses espíritos inferiores é exercida apenas contra outros de igual natureza e de menos inteligência; contra almas de consciência culpada, por isso enfraquecidas; ou até mesmo contra aqueles que já estão se esforçando para viver o bem. Não conseguem, porém, se impor aos que amam verdadeiramente, àqueles que mantêm em seus corações a fé em Deus e dedicam-se ao amor ao próximo e à conquista da sabedoria.

Lá como aqui, as armas mais eficazes contra o ódio são a prece e o perdão. Ambos são luzes que iluminam a nossa alma, e não há sombra, por mais intensa que seja, capaz de resistir ao menor ponto de luz. O verdadeiro amor, porém, não se contenta em resistir ao mal, mas empreende todos os esforços para convertê-lo ao bem, pois, como disse o apóstolo Paulo, "quem faz o mal é porque não tem visto a Deus".

Capítulo 15

ESPIRITISMO
ASPECTOS – CIÊNCIA

POR QUE SE DIZ QUE O ESPIRITISMO É CIÊNCIA?

O ESPIRITISMO TEM um tríplice aspecto, ou três bases fundamentais. É uma CIÊNCIA experimental, fundada na observação e análise dos fatos decorrentes das relações entre o mundo espiritual e o mundo corporal. É também uma FILOSOFIA, porque a partir das conclusões sobre esses fatos dá uma interpretação à vida da criatura humana, respondendo às questões relacionadas com a sua origem, sua essência e seu destino. Mas é também uma RELIGIÃO, porque de tudo isso se extrai consequências morais indispensáveis ao aprimoramento íntimo da pessoa, consoante os ensinamentos de Jesus Cristo. Esse sentimento religioso, no entanto, não decorre de uma institucionalização, com chefes e dogmas a serem obrigatoriamente obedecidos, mas é despertado no coração do ser, ligando-o pessoalmente ao Criador.

Cada um desses aspectos mereceria especial atenção, mas a pergunta é referente ao científico, e sobre ele nos estenderemos.

Ciência é o conjunto de conhecimentos sobre determinados fatos da natureza. Da diversidade desses fatos originaram as variadas ciências, cada uma com suas especialidades, métodos e instrumentos de pesquisa e ação. Muitas vezes, pela similitude dos fatos, métodos e conclusões de uma ciência podem ser aproveitados por outra. Nem sempre, porém, isso é possível.

É o que ocorre com os fenômenos espirituais, que não encontraram explicação na ciência já existente. Durante muito tempo foram considerados segredos de Deus, milagres, coisas do demônio, forças mentais, porque nenhuma outra explicação razoável se apresentava. Somente com Allan Kardec, que codificou as revelações dos espíritos, feitas através da mediunidade, é que se encontrou a chave desses fenômenos ditos sobrenaturais: o princípio espiritual.

Não existindo ainda aparelho capaz de detectar

esse elemento espiritual, por ser etéreo, de natureza oposta ao elemento material conhecido por nós, a ciência espírita manteve-se no método da observação e da comparação. O estudo de fatos e mais fatos, aqui e ali, por diversos experimentadores da maior seriedade e cultura, levou à conclusão incontestável sobre a veracidade da sobrevivência da alma; da vida organizada no pós-morte; da existência do perispírito, ou corpo fluídico, que serve de intermediário entre o mundo espiritual e o material; da possibilidade da ação dos espíritos sobre a matéria e da comunicação entre os chamados mortos e vivos; e, também, da reencarnação.

É ainda no elemento espiritual, em especial no perispírito, que se encontra a explicação lógica para fenômenos como a vista dupla, a visão à distância, o sonambulismo, a premonição, aparições, transfigurações, transmissão do pensamento, curas, obsessões e desobsessões, materialização e transporte de objetos.

Assim como qualquer revelação científica importante, os conhecimentos da ciência espírita causam profunda repercussão na vida do ser humano, alterando seus costumes, suas crenças e suas relações sociais, sendo elemento destruidor do materialismo, do orgulho e do egoísmo ainda reinantes em nosso mundo. Quando os cientistas admitirem a existência desse

mundo espiritual, e com sua sabedoria empenharem-
-se no aprofundamento do estudo, a Humanidade
terá dado grande passo ao encontro da sua felicidade.

Capítulo 16

SANTOS

OS ESPÍRITAS ACREDITAM NOS SANTOS CANONIZADOS PELA IGREJA CATÓLICA?

A DOUTRINA ESPÍRITA respeita todas as religiões, não existindo para concorrer com nenhuma delas e muito menos para conquistar seus adeptos. O espiritismo tem sua maneira peculiar de ver as coisas e sua mensagem se dirige aos que não têm nenhuma crença ou estão à procura de outros conhecimentos que lhes satisfaçam os anseios íntimos, esclarecendo suas dúvidas. Somos criaturas em diversos graus de evolução e cada religião atende às necessidades específicas e individuais de cada um de nós.

Segundo a doutrina espírita, todos os espíritos foram criados iguais, simples e ignorantes, sem exceções. Nossa meta é alcançar a plenitude em sabedoria e amor, ou seja, a angelitude. Para tanto nos são concedidas infinitas oportunidades de aprendizado, que se apresentam na espiritualidade ou nas reencarnações. De experiência em experiência, errando para aprender a fazer o certo, vamos conquistando paulatinamente a pureza espiritual, a túnica nupcial a que se refere Jesus como condição para o ingresso do Reino de Deus. Essa é uma conclusão compatível com um Pai justo e bom, que trata todos os filhos com igualdade, com os mesmos direitos e deveres, deixando a eles os méritos da nobre conquista, para que possam valorizá-la.

Para nós, a canonização é o reconhecimento da Igreja Católica quanto à virtuosidade de alguns homens ou mulheres que na Terra agiram conforme os preceitos cristãos ou praticaram fatos chamados milagrosos. Consideramos, no entanto, que a avaliação é de natureza pessoal, feita pelo próprio ser humano, e que por isso pode estar enganada no tocante aos reais valores do canonizado.

Joana D'Arc, por exemplo, foi queimada como bruxa e herege, em 1431, após condenada em processo presidido pelo bispo de Beauvais, Pierre Cauchon, mas acabou santificada em 1920, pelo papa Bento XV.

Variados fatores interferem na nossa apreciação da conduta do próximo. O amor, por exemplo, costuma fazer com que supervalorizemos a pessoa amada, atribuindo-lhe muitas vezes predicados que não possui, ou pelo menos não na importância que damos. Já a antipatia, a inveja ou o ódio ressaltam todo o lado negativo da criatura detestada, passando esta a ser considerada por nós a pessoa mais abjeta do mundo, quando é possível que seja ela boa e amada por muitas outras pessoas.

Por outro lado, normalmente costumamos avaliar as criaturas por fora; no entanto, a criatura não é o que aparenta ser, mas o que de fato é no seu íntimo, e neste nem sempre conseguimos penetrar. A essência do ser humano é o seu pensamento, e quantos pensamentos não escondemos de nós mesmos! Atos caridosos de elevada monta acabam desconsiderados por Deus em razão da vaidade oculta, porque a verdadeira caridade é silenciosa e desinteressada. E sacrifícios pessoais em favor do próximo que aqui passam despercebidos, são reconhecidos pelo Pai como manifestações efetivas do seu amor.

Destarte, somente do outro lado, no mundo espiritual, na verdadeira vida, onde somos o que somos, é que se destaca o santo verdadeiro, aquele que compreendeu a lei do amor e tem agido conforme os seus mandamentos.

Capítulo 17

MARIA DE NAZARÉ

POR QUE OS ESPÍRITAS NÃO FALAM EM MARIA, MÃE DE JESUS?

QUEM PODERÁ DEIXAR de reconhecer o grandioso exemplo de Maria de Nazaré para toda a Humanidade? Nos dias de hoje, em que a finalidade sublime da maternidade parece um pouco esquecida; quando uma parcela das mulheres abusa dos anticoncepcionais, demorando-se nos prazeres sexuais ou não querendo deformar o corpo; quando se pretende a legalização do aborto, praticado clandestinamente aos milhares; quando o abandono material, moral e espiritual de crianças é problema que preocupa a sociedade, necessário mesmo que nos lembremos da sublime mãe de Jesus, que se tornou igualmente mãe de todos nós, pela pureza de seu amor.

Somente um espírito de elevada condição poderia ter abrigado em seu ventre aquele que é o maior de todos entre nós, o Governador Celeste deste planeta, o Pastor de nossas almas. Qualquer homenagem que se lhe faça é mais do que justa e merecida, não só pelo que fez há dois mil anos, mas pelo que continua ainda hoje fazendo por nós na espiritualidade maior.

Informações dos espíritos são no sentido de que Jesus atribuiu a Maria a tarefa, dentre outras, de socorro aos suicidas, porquanto é preciso imenso amor no trabalho de recuperação dessas infelizes almas que, desequilibradas pelo ato tresloucado, padecem sofrimentos inenarráveis e de intensidade que não podemos avaliar.

Deixou-nos Maria um exemplo de fé, coragem e resignação. Fé, que significa confiança em Deus, pois ante a revelação do anjo Gabriel de que dela nasceria Jesus, o filho do Altíssimo, aceitou o divino encargo com alegria no coração: "Eis aqui a serva do Senhor; cumpra-se em mim segundo a Tua palavra". De coragem, porque foi capaz de enfrentar dificuldades e buscar lugar seguro, longe da sanha de Herodes, dando à luz o enviado do Pai em humilde estrebaria. Exemplo de resignação, já que aceitou a missão do filho amado junto à Humanidade, sujeitando-se a acompanhá-lo até o calvário, amargando em seu coração o sofrimento de vê-lo no madeiro infame.

Nós, os espíritas, reconhecemos o valor e a pureza espiritual de Maria e a respeitamos profundamente, sabendo da grandeza de seu coração. O espiritismo não proíbe seus adeptos de se devotarem a Maria, de dirigirem a ela suas rogativas e agradecimentos, porquanto na verdade cada um por si está vinculado mental e sentimentalmente a determinados espíritos superiores, emissários do Senhor na tarefa de nos proteger. O espiritismo, porém, não adota qualquer atitude exterior, entendendo que a comunhão deve ser um ato íntimo, de alma para alma.

Não obstante essa nossa consideração por Maria de Nazaré, é preciso admitir que o Evangelho registrou, quase em sua totalidade, as palavras e os exemplos de Jesus Cristo, o caminho pelo qual devemos seguir e a quem devemos dedicar, abaixo de Deus, a nossa manifestação de fé e de amor.

Recordemos o que está contido no Evangelho de João, capítulo 17, versículo 3: "E a vida eterna é esta: que te conheçam, a ti só, por único Deus verdadeiro, e a Jesus Cristo, a quem enviaste".

Capítulo 18

DIVÓRCIO

O ESPIRITISMO É CONTRA O DIVÓRCIO?

O CASAMENTO, COMPREENDIDO como união estável e duradoura entre duas pessoas, é conquista da civilização. A poligamia é resquício da criatura-instinto, preocupada em satisfazer livremente as necessidades da carne. Como consequência natural do casamento surge a família, que por sua vez dá origem à sociedade organizada. A manutenção da harmonia dessas três instituições básicas – casamento, família e sociedade –, depende do esforço constante de seus integrantes no cumprimento dos deveres de cada um e no respeito ao direito do próximo. Fácil perceber, então, a responsabilidade do casal na ordem social. Na medida em que ele se desestrutura, sucumbe a família e a sociedade.

O ser humano não vive sozinho. Depende do semelhante para sua sobrevivência material e crescimento intelectual e moral. Nas relações afetivas, os parceiros dependem um do outro para complementar as suas necessidades físicas, emocionais e sentimentais, e vice-versa. Se antigamente era comum o casamento celebrado por interesses do grupo familiar, sem preocupação com a vontade dos nubentes, hoje domina o pensamento de que a união deve ser fruto de sentimentos mais nobres, como o amor, pois com ela aspira-se à felicidade.

Se assim é, por que tantos problemas conjugais e tantas separações?

A felicidade no casamento, como em qualquer relacionamento humano, depende da existência de afinidade entre as pessoas. Ocorre que nem sempre o namoro permite amplo conhecimento mútuo da maneira de ser de cada um, pois nele há o esforço de estar bem para agradar o outro; já na vida em comum, partilhada na intimidade do lar, dividem-se espaços, preocupações, problemas, vontades, e é nessas situações que nos mostramos como realmente somos. Talvez, se conhecêssemos mais profundamente o outro, não casássemos. Os encantamentos do namoro, no entanto, são necessários para a reunião de almas compromissadas entre si. Como explica a doutrina espírita, já vivemos várias vidas e nelas nos comprometemos com outras criaturas; o lar é bênção de Deus para que, nele reunidos, possamos todos, cônjuges e filhos, buscar o reajuste, pelo exercício da paciência, da compreensão e do perdão, que são formas de manifestação do amor.

Diante disso, quando Deus não nos permite a união com a alma que nos é mais afim, devemos envidar todos os esforços para nos aproximarmos o quanto mais do coração do atual companheiro ou companheira, propiciando um clima de amizade, respeito e auxílio mútuos, certos de que nossa meta é viver em fraternidade e em paz com todos. Se não o fizermos por nós, que o façamos pelos filhos, que tanto precisam do pai quanto da mãe para um crescimento sadio e equilibrado, sendo estes diretamente responsáveis pela sua educação; pode não ser fácil, porquanto teremos que sufocar muitos anseios, renunciar a ideais, vencer o nosso orgulho, mas é possível vencer se nos ligarmos a Deus, e os frutos dessa semeadura serão recompensadores.

O divórcio deve ser o recurso extremo a ser usado quando a união se mostra insustentável, quando se perdeu o respeito total um pelo outro, quando a agressão substituiu o carinho, quando a convivência causa frustrações e tristezas, enfim, quando o amor não mais está presente e no seu lugar só há amarguras e sofrimentos.

A indissolubilidade do casamento é criação do ser humano e não de Deus, que não obriga ninguém a conviver com quem não deseja, dando um tempo a cada parte para se recompor emocionalmente, pois, no futuro, outra vez deverão se reencontrar para a reconciliação.

Capítulo 19

MORTE PREMATURA

COMO EXPLICAR A MORTE DE CRIANÇAS E JOVENS QUE NENHUM MAL FIZERAM?

O SER HUMANO não está abandonado à própria sorte, como alguns pais costumam fazer com seus filhos aqui na Terra. Deus, o Pai Supremo, é zeloso com a criação e estabeleceu leis que se destinam a encaminhar os filhos à felicidade, às quais todos estamos sujeitos, querendo ou não. Dentre essas encontramos a lei de misericórdia e de justiça, que regula mais especificamente os relacionamentos humanos. Sendo Deus perfeito – porque se não fosse o Universo seria o caos –, não se pode imaginar haja na vida lugar para injustiças. Por isso, tudo o que nos acontece de bom e de ruim tem uma razão lógica e justa. Quando não conseguimos a explicação, é porque o nosso conhecimento ainda não a alcança.

Se aceitarmos a presente vida como sendo a única, não temos como responder, convincentemente, à questão proposta. Que fez de errado uma criança de 7 anos para morrer tão precocemente, e às vezes de maneira brutal? Que utilidade teria uma vida rápida como essa? Pode Deus perder o seu tempo?

Imaginemos, porém, que somos espíritos imortais e que nascemos muitas e muitas vezes em diversos corpos, numa linha crescente de evolução; que uma vida está intimamente ligada às vidas anteriores, de modo que carregamos conosco, por onde formos, a bagagem das experiências adquiridas; que colheremos os frutos de nossas ações, boas ou más, numa vida ou nas vidas posteriores – e então encontraremos a resposta.

O espírito que habita um corpo jovem é milenar. Tem méritos, mas também tem débitos para com a Justiça Divina. Se não resgatou o que devia em vida passada, o faz na vida presente, da forma mais proveitosa para o seu aprendizado. Quantos de nós não malbaratamos o corpo sadio, por excessos e vícios de todos os gêneros, até mesmo com suicídios! A necessidade de progresso espiritual nos leva a renascer para, com frequência, complementar a reencarnação parcialmente perdida, e morremos prematuramente. A lição fica guardada e aprendemos a valorizar o corpo e a vida.

Porém, nem sempre é assim. Em alguns casos, a morte prematura constitui expiação para os pais que em outra vida abandonaram seus filhos: o filho que morre é um espírito de natureza boa e nem precisaria ter reencarnado naquele momento, mas aceita a curta vida para ajudar os pais a passarem pela experiência de perderem um filho, aprendendo com a dor a honrar os compromissos sagrados da pater/maternidade. Para o filho que morre, os poucos anos que aqui ficou nada significam ante a eternidade, mas o espírito se engrandece pelo bem praticado.

Por fim, precisamos encarar a morte não como um castigo, mas como o término de uma etapa daqueles que retornam para a pátria espiritual, e com os quais iremos nos reunir no futuro, se o fizermos por merecer pelo cumprimento integral dos compromissos assumidos para esta reencarnação.

Capítulo 20

MORTOS – COMEMORAÇÃO

Devemos comemorar o dia dos mortos?

Assim como o dia das mães, dos pais, das crianças, do médico, do advogado etc., comemorar o dia dos mortos é apenas mais uma convenção humana. Aliás, é de se perguntar se as mães, os pais e as crianças devem ser homenageados apenas um dia, esquecendo-se deles no restante do ano, como se costuma ver por aí.

Os nossos mortos queridos podem e devem ser lembrados e homenageados a qualquer momento. Não pela sua memória, ou seja, pelo que foram e representam quando encarnados, mas pelo que continuam sendo até hoje, como espíritos imortais. Não é porque o espírito retorna à espiritualidade que ele perde os vínculos de amor com os que aqui ficaram. Pelo contrário, se realmente verdadeiros, esses laços mais se acentuam.

E os espíritos não vivem num mundo inacessível ao nosso. Estamos em contínuo relacionamento, embora eles sejam comumente invisíveis aos nossos olhos, porque seus corpos são fluídicos. No entanto, é possível contatá-los através do pensamento e das vibrações. Às vezes, quando de repente bate aquela saudade imensa do parente desencarnado, quando nos recordamos da convivência amiga e dos momentos felizes que passamos juntos, em emoção que nos levam às lagrimas, é porque essa alma ali está presente ao nosso lado.

Nossos pensamentos são ondas especiais que não encontram barreiras. Quando oramos pelos chamados mortos ou pensamos neles com carinho e amor, nossas vibrações os atingem em forma de bálsamos renovadores da esperança e da alegria de viver. Pelo contrário, se lhes dirigimos pensamentos de revolta, de crítica, são como apunhaladas profundas, entristecendo-os e dificultando a vida pacífica que tanto almejam. Por isso que, ante a desencarnação, é preciso manter muita serenidade e resignação, para que nosso equilíbrio também contribua para o bem-estar do recém-chegado no Além, auxiliando-o a recuperar-se rapidamente da perturbação natural decorrente do fenômeno morte.

Para homenagearmos os nossos mortos queridos não precisamos aguardar um dia especial. Em sentindo vontade, podemos fazer uma prece em favor deles, desejando-lhes a paz, a alegria; conversar com eles mentalmente, falando do nosso amor, da nossa saudade e da esperança de nos reunirmos no futuro. Dispensável o uso de velas, de alimentos, porquanto são coisas totalmente sem utilidade para os espíritos conscientes. Mas certamente eles ficarão felizes com algumas flores bonitas e perfumadas que coloquemos em nossa casa, em sua lembrança.

E também não há necessidade de estabelecermos um lugar para que isso aconteça, mas de preferência que seja agradável e bonito. Como diz Richard Simonetti, conhecido escritor espírita, ninguém se lembraria de marcar um encontro com a pessoa amada num cemitério, junto a lápides de mármores sem maior atrativo. É que ali está simplesmente a carcaça destruída, a vestimenta rota, o corpo de carne em decomposição que serviu ao espírito de instrumento quando de sua passagem na Terra.

O espírito mesmo, o ser indestrutível, esse permanece vivo, caminhando em busca do progresso e da felicidade, num mundo muito mais organizado, aguardando o momento em que nos recepcionará quando do nosso decesso.

Capítulo 21

ESPIRITISMO – CHEFE

QUEM É O CHEFE DO ESPIRITISMO?

O ESPIRITISMO NÃO tem chefe e nem representante legal. Por isso, no seu aspecto institucional, diferencia-se essencialmente de todas as outras religiões. É que, na essência, a religião é uma consequência moral das conclusões científicas e filosóficas da doutrina espírita, cujo objeto é o estudo dos espíritos, sua vida e suas manifestações entre nós.

Como fatos naturais que são, os fenômenos espirituais podem ser pesquisados por qualquer pessoa, que tirará por si as suas conclusões. Existe, por ventura, o chefe da química, da física, da astronomia ou da biologia? É claro que não! Existem cientistas, pesquisadores que apresentam à Humanidade o resultado de seus trabalhos, os quais podem ser acolhidos ou não. Uma teoria científica é aceita como verdade quando outros cientistas conseguem confirmá-la por suas próprias experiências, havendo então uma unanimidade quanto aos seus princípios e resultados.

É o que ocorreu com a doutrina espírita. Partindo dos fenômenos de efeitos físicos que tomaram conta da América do Norte e da Europa em meados do século dezenove, especialmente aqueles que ficaram conhecidos como "as mesas girantes", Allan Kardec estabeleceu as bases do espiritismo, que foram confirmadas por cientistas e filósofos dele contemporâneos, como Lombroso, Gabriel Delanne, Alexandre Aksakof, Gustavo Geley, Ernesto Bozzano e Léon Denis, e que atualmente foram reforçadas por médicos, psicólogos e estudiosos, como Helen Wambarch, Roger J. Woolger, Hernani Guimarães Andrade e Hermínio Miranda.

O avanço da ciência, com a invenção de aparelhos mais sensíveis, certamente fornecerá as provas cabais da realidade espiritual, pondo por terra as críticas dos incrédulos obstinados e negativistas por sistema. Como se costuma dizer: contra fatos não há argumento. É só questão de tempo. De resto, o que não for verdadeiro cairá por si mesmo.

Assim, cada centro espírita é uma célula independente. Seus participantes estudam e praticam a doutrina espírita conforme a compreendem. Em sua maioria, os centros espíritas oferecem ensinamentos de acordo com a base kardequiana. Alguns, porém, a deturpam; outros dão prioridade à mediunidade e suas reuniões têm por fim unicamente as manifestações dos espíritos; e outros, ainda, desprezam o fenômeno mediúnico e dedicam-se somente ao estudo da filosofia. Não raro, encontramos centros denominados espíritas que misturam a prática espírita com rituais religiosos, como, por exemplo, os da umbanda. Cabe ao povo escolher o que mais lhe convém.

No movimento espírita existem órgãos de unificação, como a Federação Espírita Brasileira, a USE--União das Sociedades Espíritas do Estado de São Paulo e as Federações de outros Estados, mas todas essas instituições têm por objetivo apenas a colaboração e a orientação aos centros espíritas, sem qualquer tipo de ingerência ou imposição.

Se, de um lado, há mais dificuldade em se estabelecer uma prática uniforme, de outro se respeita a liberdade de consciência, a capacidade de compreensão de cada um, pensamento mais compatível com o espírito democrático da doutrina espírita; e evita-se a opressão religiosa e dogmática, situação em que alguns impõem a muitos o que pensam, sem admitir discussão.

A doutrina espírita caminha lentamente e com dificuldades, mas cresce fincada na ação de pessoas que a escolheram livremente, que têm sua fé robustecida pelos fatos e pela razão, e que respeitam a crença do próximo, sabendo que a verdadeira religião é a do coração comungado com o Criador.

Capítulo 22

SUICÍDIO

COMO EXPLICAR O SUICÍDIO?

A PERGUNTA É de relevância para a Humanidade. Anualmente, milhares de pessoas deixam este mundo pelas portas falsas do suicídio. Os motivos variam: desgosto sentimental, falência financeira, miséria, solidão, doenças incuráveis, que levam ao desespero e à perturbação.

No fundo, porém, a causa verdadeira do suicídio é a falta de uma fé forte em Deus e o desconhecimento da realidade espiritual. O materialista acha que sua existência é um acaso da natureza. Ele existe e daqui a pouco vai deixar de existir. Se a vida não lhe parece boa, se não teve sorte, não há razão para continuar vivendo. Já o incrédulo acredita em Deus, mas duvida de Sua misericórdia e de Sua justiça, achando que alguns foram privilegiados e outros relegados ao sofrimento. Não vê justificativa para tanta dor e miséria, considera-se uma vítima e, sem perspectivas de mudanças, resolve abandonar a vida e matar-se.

Como a fé não é sentimento que se consiga transferir de uma criatura para outra, as religiões não têm oferecido argumentos suficientes para baixar a taxa de suicídios, o que poderá acontecer quando as pessoas tiverem o conhecimento de como a vida continua depois da morte. Até pouco tempo, havia para a Humanidade três alternativas: o céu, o purgatório ou o inferno. Acredita-se ainda no céu beatífico, porque satisfaz o nosso ego. Mas muita gente já não pensa num inferno onde o pecador – a grande maioria – vai arder para sempre. O ser humano moderno, que avançou na inteligência, precisa de informações mais lógicas quanto à espiritualidade, pois senão descamba mesmo para a incredulidade ou até para o materialismo. É preciso que a nossa fé seja robustecida pela razão.

E a mediunidade é instrumento eficaz na luta contra o suicídio. Por mais que se combata, ninguém vai conseguir evitar a manifestação dos espíritos, porque eles estão por todos os lados. Nossos decretos não os atingem. Dê-se aos espíritos o nome que se quiser –

anjo, demônio, espírito imundo, espírito-santo –, não deixarão de ser o que são: as próprias pessoas, mas sem o corpo morto.

E são as almas dos chamados "mortos" que nos relatam o que acontece com o suicida na espiritualidade. A primeira grande decepção é saber que não morreu, que não deixou de existir ou que não dormirá para sempre. A segunda é que não conseguiu pôr fim à dor que o atormentava, mas, pelo contrário, a centuplicou. Além do mal que atingia o físico, e que com a morte é transferido para o corpo espiritual, é atormentado por outras dores e perturbações em decorrência do tipo de morte que escolheu: por exemplo, se foi enforcamento ou afogamento, carregará por onde for a asfixia, a falta de ar, a dor no pescoço ou no peito. A terceira decepção, causa de grande dor, é a solidão, a separação das pessoas que amava e que poderiam lhe ajudar; e a convivência com estranhos, almas no mesmo sofrimento ou espíritos inferiores que dele se aproveitam.

Embora inevitável o sofrimento, a forma como o espírito suicida chega no mundo espiritual é sempre muito variada, porque Deus leva em conta a intenção e a maturidade da criatura. Por isso, uma jovem desesperada e depressiva poderá ser socorrida pelos mentores espirituais e conduzida a hospitais, ao passo que um criminoso egoísta e descrente será deixado à própria sorte, até que se arrependa e suplique por socorro.

O princípio da salvação para esses irmãos infelizes é sempre aceitar Deus e Suas leis; após, terão ainda que retornar à Terra em outros corpos, possivelmente em condições de sofrimento, para o reequilíbrio, e só depois recomeçarão as provas que interromperam com o ato insano.

Por esses motivos, valorizemos a nossa vida, confiemos que Deus nos ampara nos momentos difíceis, suportemos as nossas dores com resignação ativa e aguardemos os bons frutos que nos estão reservados. Suicídio jamais!

Capítulo 23

MÉDIUM

Qualquer um pode ser médium?

MÉDIUM É A pessoa que tem a capacidade de ser intermediária entre o mundo corporal e o espiritual. Essa capacidade é um dom do espírito, mas seu exercício depende de certas disposições orgânicas. É um compromisso assumido antes da reencarnação e que tem por finalidade a renovação espiritual do próprio médium, pelo trabalho voltado ao bem do próximo.

Porém, todos nós somos mais ou menos sensitivos, ou seja, capazes de sentir de alguma forma a presença de espíritos ao nosso redor. Despreocupados dessa realidade, fatos estranhos acontecidos conosco passam sem explicação razoável, como tristezas ou alegrias repentinas; arrepios, formigamentos, dores ou doenças sem causa aparente; pensamentos contraditórios e nem por nós aceitáveis; ideias e soluções de estalo para problemas difíceis; premonições; e visões das almas de pessoas mortas.

Assim, aquele que tem essa faculdade mais aflorada é que pode ser considerado médium. Não é dom que se transfira de uma pessoa para outra e tampouco conseguiremos desenvolvê-lo em nós sem que exista o compromisso. Por mais que desejemos ser um médium psicógrafo (aquele por cujas mãos escrevem os espíritos), se não tivermos uma tarefa com esse tipo de mediunidade não o seremos. Em razão disso, a mediunidade é acontecimento em nossa vida que deve desabrochar espontaneamente, para que possamos aproveitá-la de maneira satisfatória. Mas se aparecer, não devemos recusá-la, pois estaremos perdendo grande oportunidade de evolução, ou, em muitos casos, correndo o risco de ficarmos desequilibrados por não trabalharmos com as energias que são atraídas pela nossa sensibilidade.

Há, contudo, que se tomar muito cuidado no exercício da mediunidade. É que lidamos com os espíritos e estes, sendo as próprias pessoas depois da morte, tanto podem ser bons como maus. E os maus não querem outra coisa a não ser a nossa infelicidade. Não bastam nessa atividade os bons propósitos, pois os maus são ardilosos. É preciso prévio e teórico conhecimento do que seja o mundo espiritual, mediunidade e suas implicações. Atirando-nos diretamente à prática mediúnica, poderemos ser vítimas de processos obsessivos, ficando envolvidos pelos espíritos inferiores.

O espiritismo possui a mais vasta literatura sobre mediunidade, ensinando-nos tudo o que é de mais importante para que o médium possa educar a sua faculdade, de modo que esta lhe seja útil e também ao próximo. Não é conhecimento que pretendemos seja trancado a sete chaves, para que somente nós tenhamos o seu segredo, antigamente revelado apenas aos iniciados. Pelo contrário, desejamos mesmo que todos tenham contato com essas informações, o que não significa tornar-se espírita, pois a mediunidade e o inter--relacionamento com os espíritos é fenômeno natural e atinge a todos, sem restrições.

Em um tempo não muito distante, os médicos não se preocupavam com a assepsia no trato com os doentes, acarretando muitas mortes por infecção. Após a descoberta das até então invisíveis bactérias causadoras de doenças infecciosas, a higiene passou a ser condição básica no tratamento médico. Agora, quando não se tem mais dúvidas quanto à existência dos espíritos, também invisíveis, precisamos aprender a conviver com eles, especialmente os que possuem a faculdade mediúnica.

Capítulo 24

ESPÍRITOS - COMO NOS CONSIDERAM

※ ———————— ※

O QUE SOMOS PARA OS ESPÍRITOS?

A HUMANIDADE É uma só, mas o ser humano está situado em dois planos de vida: o material e o espiritual. Por uma questão didática, denominamos espírito ou desencarnado o indivíduo sem o corpo de carne. Intimamente, o espírito continua sendo depois da morte o mesmo ser que foi na Terra, mas aos poucos a sua maneira de pensar e agir se altera, porque agora vive num meio de natureza diferente e também tem outras informações até então para ele desconhecidas.

E é a partir dessa nova realidade que o espírito passa a considerar os encarnados, que somos nós.

Para os espíritos elevados, somos alunos matriculados numa escola e eles os mestres que nos ensinam a lição, para que vençamos o grau; ou doentes internados em hospital, e eles os médicos atenciosos que nos ajudam a curar a doença, com a medicação necessária; ou, ainda, criminosos recolhidos numa penitenciária, e eles os técnicos incumbidos da nossa regeneração.

Para os espíritos mundanos, somos instrumentos da satisfação de seus prazeres. Não mais possuindo os seus próprios corpos de carne, valem-se dos indivíduos que lhes comungam os desejos e sintonizam as mesmas vibrações, emoções e sentimentos. Assim, comem e bebem com glutões e beberrões; fumam e se drogam com os viciados; satisfazem a libido nos corpos dos sexólatras; e continuam a desafiar a sorte com os jogadores. Nada há de estranhar nesse fato, pois o prazer não está no corpo em si mesmo ou no ato que realizamos, mas sim na nossa ligação mental. E o espírito é essencialmente o que pensa.

Para os espíritos maus, somos criaturas em que eles descarregam sua revolta contra Deus e contra o mundo, incentivando-nos dolosamente à derrocada moral, porquanto, não conseguindo ter paz e ser felizes, também não querem que nós o sejamos.

Para os de mediana evolução, somos amigos, irmãos, companheiros em evolução, eles lá e nós aqui deste lado, mas tanto eles como nós lutando contra as mesmas dificuldades íntimas, com problemas a vencer, querendo ser bons, mas ainda cometendo erros. E assim conscientes, preocupam-se muito com o nosso destino, sofrem com as nossas desditas e alegram-se com os nossos sucessos. Oram por nós, trabalham para nos ajudar, sabendo que num futuro não distante estaremos em posições invertidas e que faremos por eles o que agora fazem por nós.

Como se vê, na essência, não há muita diferença entre o que somos para os espíritos e o que somos aqui para os outros encarnados, reciprocamente. Importante, mesmo, é que sejamos capazes de sublimar os nossos sentimentos e de aprimorar a nossa intelectualidade, consoante as lições sempre atuais de Jesus, para que nos consideremos como irmãos e assim possamos nos ajudar mutuamente, como ele próprio tem nos ajudado.

Capítulo 25

REENCARNAÇÃO – PROCESSO

COMO EXPLICAR A REENCARNAÇÃO, SE MORREMOS ADULTOS?

A MESMA PERGUNTA Nicodemos fez a Jesus há quase dois mil anos. Naquela época, não haveria como o doutor do Templo entender uma explicação que só agora a doutrina espírita nos oferta de forma clara. Pela mediunidade, os espíritos informaram o processo pelo qual se dá a reencarnação, que é a volta do espírito a um novo corpo. Trata-se de corpo humano, pois não é possível o retorno de um espírito num corpo de animal, já que não existe o retrocesso espiritual. Também está afastada a tese da ressurreição, que seria a volta no mesmo corpo, porquanto a ciência não admite a possibilidade da reunião dos mesmos elementos depois da desagregação molecular e reaproveitamento da matéria na natureza.

Para entender como se dá a reencarnação é preciso ter em mente que o corpo é apenas um instrumento do espírito, um veículo mais grosseiro que este usa para locomover-se aqui na crosta da Terra. Ligando o espírito ao corpo existe um corpo intermediário denominado perispírito, com estrutura semelhante ao de carne, mas de natureza fluídica. Essa ligação se faz pela justaposição célula a célula, de modo que o que ocorre no corpo espiritual reflete automaticamente no corpo material e vice-versa.

É na natureza fluídica do perispírito que está a chave do processo reencarnatório. Por ser fluídico, é passível de ser moldado, trabalhado com muito mais facilidade do que a matéria mais consistente do corpo de carne. Compreenderemos melhor se acompanharmos o definhar de uma pessoa gravemente enferma. Ninguém acreditaria que um doente terminal de câncer ou AIDS, macérrimo, enrugado, pequenino é o mesmo homem forte, saudável e bonito de alguns meses antes. Se essas transformações ocorrem com o corpo de carne, imaginemos o que não é possível com um corpo fluídico.

Pois bem. Antes de mergulhar na carne, o espírito

(de mediana evolução) se submete a um trabalho de programação do seu renascimento, definindo os itens mais importantes para a próxima vida, como a família onde deverá nascer, as provas que enfrentará, a profissão, casamento e, em especial, que tipo de corpo será o seu. Tudo isso em razão das suas necessidades de progresso espiritual.

O corpo será definido com base nos genes dos futuros pais, previamente identificados pelos técnicos encarregados da reencarnação e com conhecimento de genética muito além dos grandes avanços já alcançados pelos nossos melhores cientistas.

Em tempo próximo da concepção (união do espermatozoide com o óvulo), o perispírito é magnetizado, sofre uma redução à forma de criança e parte da sua memória é adormecida. Logo após a fecundação, o perispírito é ligado ao ovo e o corpo vai crescendo conforme o molde perispiritual, permanecendo o espírito junto da mãe até o momento do nascimento. O processo reencarnatório mesmo só se completa por volta dos sete anos, quando o espírito mais se ajusta ao corpo, agora já quase liberto das energias físicas transmitidas pela mãe durante a gestação.

Essas são informações elementares e o interessado encontrará outros ensinamentos na medida em que se aprofundar no estudo da literatura espírita.

Capítulo 26

VIOLÊNCIA

POR QUE AINDA EXISTE TANTA VIOLÊNCIA? ELA UM DIA TERÁ FIM?

A VIOLÊNCIA REINANTE na Terra é sinal de que o instinto ainda prepondera. No princípio, quando o indivíduo era o troglodita das cavernas, equiparado a certos animais do nosso tempo, necessitava ele de mecanismos naturais que evitassem a destruição de sua espécie. Sem a razão que compreende e nem o sentimento que enobrece, só tinha a força bruta para repelir o ataque dos inimigos e proteger-se das intempéries. Forçado pela natureza a buscar mais conforto e segurança, desenvolveu a inteligência e amadureceu o sentimento, mas não o suficiente para dominar o instinto. Este, se importante no início da evolução da espécie humana, hoje se mostra perigoso aliado do orgulho, do egoísmo e da vaidade.

O valor que o indivíduo dá a si mesmo e às suas necessidades é inversamente proporcional à importância que ele dá ao seu próximo. Quanto mais gosta de si, menos vale o semelhante; quanto mais apego aos bens materiais, pouco se importa se os consegue em detrimento do patrimônio alheio. E quando se sente ferido em seu orgulho ou vê ameaçados os seus interesses, reage destruindo aquele ou aquilo que lhe é obstáculo, sem medir consequências. O instinto é perfeito, vai até o limite do necessário. Contrariamente, porém, o orgulho e o egoísmo são insaciáveis, sempre querem mais; são míopes, porque não conseguem enxergar senão a si próprios; e surdos, porque dão ouvidos somente aos apelos interiores.

Parece que o ser humano atual é mais violento do que o de ontem, mas na verdade, de uma maneira geral, ele é menos agressivo e menos cruel. Nessa avaliação, precisamos considerar que a população cresceu rapidamente desde o século XIX e que hoje somos mais de 7 bilhões de pessoas ocupando o mesmo espaço, então é natural que a violência também tenha aumentado, e ao ser divulgada pela mídia sensacionalista dá-nos a impressão de que domina.

E Deus permite que isso esteja acontecendo porque vivemos os chamados tempos finais, em que muitos espíritos estão tendo a última oportunidade de se adaptarem ao nosso planeta, que passa por uma transição para ser a morada de espíritos em melhores condições morais. É a separação do joio e do trigo. O exame final desta fase do planeta. Recordemos as palavras de Jesus quando afirmou "Bem-aventurados os mansos, porque eles herdarão a Terra" (Mateus, 5:5).

Certamente que a violência terá um fim, mas este chegará mais depressa se cada um de nós começar logo a cultivar a mansuetude, a fraternidade e o respeito ao próximo; se rechaçar as ofensas com o silêncio e o perdão; se renunciar um pouco, para que seja possível a paz. É claro que podemos dialogar para esclarecer e inclusive usar a autodefesa, porque também é nosso dever impedir o crescimento do mal, ao mesmo tempo em que procuramos recuperar o criminoso. Tampouco podem ser excluídos os sistemas penais de contenção da criminalidade, porque ainda necessários à manutenção da ordem, ante a presença de infratores renitentes à mudança.

E quando na Terra estiverem vivendo apenas os mansos, o ser humano não mais buscará o paraíso, pois terá descoberto que o paraíso da felicidade mora dentro de si mesmo.

Capítulo 27

REFORMA ÍNTIMA

O QUE É A REFORMA ÍNTIMA APREGOADA PELO ESPIRITISMO?

REFORMA ÍNTIMA É o processo de aprimoramento da pessoa. O conhecimento do Evangelho do Cristo e das verdades reveladas pelos espíritos leva-nos a rever o conceito que temos da vida. Compreendemos que somos quais náufragos refugiados provisoriamente em uma ilha, mas com retorno certo para o nosso país de origem – o mundo espiritual. As coisas da Terra passam a ter para nós uma importância relativa, ou seja, os bens materiais são utilidades necessárias à nossa sobrevivência e devem ser usados com parcimônia, em nosso benefício e da coletividade, porque dependemos uns dos outros. As agruras e sofrimentos daqui são suportados com mais resignação e coragem, pois sabemos que têm seu termo com a viagem de volta – a desencarnação. E entendemos que o amor ao próximo não é simplesmente uma proposição religiosa, mas uma lei regulando a vida dos seres e determinando a nossa própria felicidade, porquanto recebemos na mesma medida em que damos.

Ao contato dessas novas informações, estabelece-se em nós uma luta, no sentido da expressão do Cristo quando disse que não veio trazer a paz, mas a espada. E é exatamente assim: perdemos a nossa paz. Não a verdadeira, mas a ilusória, que significa acomodação, indiferença. Passamos a guerrear conosco mesmo. Temos agora novas lições a seguir, mas o indivíduo velho, orgulhoso, egoísta e vingativo ainda teima em permanecer em nós. Como no dizer do apóstolo Paulo: o bem que quero fazer não faço, mas o mal que não quero, esse eu faço (Romanos, 7:19). A nossa consciência até então tranquila já não nos deixa dormir sem refletir nos erros que cometemos sucessivamente. Passamos a nos arrepender das atitudes infelizes e para nosso sossego buscamos a conciliação com quem ferimos. Isso tudo é para nós muito desgastante e doloroso. Para evitar outros erros e novos sofrimentos, estabelecemos uma ação preventiva, vigiando a nossa conduta, dedicando-nos mais à oração e às leituras sadias, abandonando vícios e hábitos perniciosos. Esse é o primeiro passo da reforma íntima.

Daí entra-se numa segunda fase, que decorre do ensinamento evangélico de que devemos fazer ao próximo todo o bem possível, tudo aquilo que desejamos para nós mesmos. Em razão dele também o lema espírita: Fora da caridade não há salvação. Por outras palavras, não basta simplesmente não fazer o mal, não errar, mas é preciso fazer o bem. Quem não faz o bem, automaticamente está fazendo o mal por omissão, causa de tanta miséria e ignorância no mundo. Ciente disso, o candidato disposto à autor-reforma abandona o comodismo, vence a inércia e lança-se ao trabalho de ajuda às crianças abandonadas, à velhice desamparada, aos miseráveis e aos doentes. Já é um grande passo. Mas ainda assim, o bem em nós é quase um dever, que nem sempre cumprimos de boa vontade. Fazemos a caridade porque sabemos que deve ser assim, que é o melhor, que haverá uma recompensa divina, mesmo que seja ela espiritual.

Finalmente, a reforma íntima chega ao seu final quando fazer o bem torna-se um prazer. É uma ação incorporada à nossa personalidade, manifestando-se espontaneamente, sem que por ela esperemos qualquer recompensa. Então, já não seremos mais meros aprendizes, mas servos do amor de Jesus na grande obra de implantação da paz nos corações.

Capítulo 28

LIVRE-ARBÍTRIO

COMO DEVE SER ENTENDIDO O LIVRE-ARBÍTRIO?

A LIBERDADE É um anseio do indivíduo. As constituições democráticas a protegem e os povos dominados a buscam incessantemente. A liberdade, contudo, nunca será plena, já que a convivência com o próximo determina um limite, ou seja, o nosso direito de liberdade vai até onde começa o direito do nosso semelhante. Por exemplo: o direito de ir e vir nos autoriza a livre locomoção pelo país, no entanto, não podemos invadir a casa alheia, porque então violaremos o direito do proprietário.

O indivíduo ignorante, por isso ainda egoísta, orgulhoso e violento, não respeita as leis e nem o próximo, imaginando que pode livremente agir consoante a sua vontade, na busca de saciar os seus desejos e paixões. Lançando mão de vários recursos, furta-se muitas vezes à ação da justiça humana, esquecendo--se, porém, de que acima desta vige a Justiça Divina, da qual não escapará.

A legislação penal não é proibitiva, mas sancionadora. Explicando melhor: a lei não diz que é proibido matar, mas estabelece pena de prisão para aquele que tira a vida de alguém. Toda norma social é acompanhada da respectiva reprimenda que freie a ação considerada prejudicial à paz da coletividade, uma vez que o indivíduo não está suficientemente maduro para cumpri-la espontaneamente.

A lei de Deus para os seres humanos funciona da mesma maneira. Melhor diríamos que, na verdade, foi a sociedade que estabeleceu para si, embora ainda imperfeitamente, a mesma lei do Criador. Existe uma lei natural conhecida como causa e efeito, pela qual a pessoa sempre colherá os frutos do que plantou, sejam eles saborosos ou amargos. Todos os dias estamos sujeitos aos efeitos dessa regra fundamental da Justiça Divina. Quando ingerimos muita bebida alcoólica, reage o corpo com mal-estar, dor de cabeça, como se diz, com a ressaca. Quando somos cordiais, prestativos e alegres, conquistamos muita simpatia e a amizade das pessoas; mas se somos grosseiros, carrancudos e ofensivos só temos desafetos e vivemos isolados.

Essa lei tem por finalidade indicar a nós, espíritos em evolução, o caminho certo da felicidade. Por outras palavras, toda vez que a nossa atitude provocar uma reação de dor e sofrimento, sabemos que ela foi errada e que não devemos incorrer no mesmo erro.

Quanto mais erramos, mais presos estamos às consequências dos nossos atos, e só nesse aspecto é que se pode falar em determinismo. Somos livres para semear, mas a colheita é sempre obrigatória. Você não é obrigado a contrair uma dívida, mas se a contraiu é seu dever pagá-la. E ainda aqui você é livre para decidir se o fará com alegria ou revoltado.

Por isso, a exata compreensão da lei e uma vida conforme suas regras nos tornam livres e felizes. À medida que nos comportamos de acordo com a lei, libertamo-nos dos reflexos da infração e ampliam-se as nossas possibilidades de construirmos um futuro melhor. Essa é a verdadeira liberdade; a liberdade com responsabilidade, com consciência.

Assim, o livre-arbítrio existe para que tenhamos o mérito do nosso esforço; para que saibamos que não somos meros brinquedos nas mãos de um Criador a se divertir, mas sim filhos do Seu amor e predestinados à felicidade.

Capítulo 29

PENA DE MORTE

A PENA DE MORTE NÃO É A MELHOR SOLUÇÃO PARA OS CRIMINOSOS IRRECUPERÁVEIS?

A DOUTRINA ESPÍRITA é totalmente contrária à pena de morte, entendendo, acima de tudo, que a vida terrena é bênção concedida por Deus e que somente a Ele cabe decidir pelo seu fim.

Analisado o tema apenas sob o enfoque humano, os argumentos já são bastante fortes para a recusa do homicídio legalizado. Os repetidos erros judiciários indicam a probabilidade de se tirar a vida de um réu posteriormente isento de culpa, sem que seja possível reparar o engano. Alegam os defensores da pena de morte que esta será exemplo certo para outros criminosos, freando a violência. Engano, porém, uma vez que o índice de criminalidade não caiu nos países que a adotaram. A maioria dos bandidos parte para o crime já sabendo que corre o risco de morrer no confronto com as vítimas ou policiais. Vida, própria ou dos outros, é componente de menor importância para os criminosos violentos. Dizem outros que esses homens não valem as despesas que dão nas prisões, mas os gastos com eles não são menores do que com qualquer detento de menor periculosidade.

Na verdade, a posição dos defensores da pena de morte é cômoda. Mais fácil é eliminar o problema do que solucioná-lo. Um levantamento da vida pregressa de grandes criminosos quase sempre indica uma infância e juventude difíceis, de miséria, sem escola, com conflitos e uma precária estrutura familiar. Sem amparo e orientação certa, sem o mínimo necessário a uma vida digna, é mais provável que a criança se torne adolescente infrator e um adulto criminoso. É o que temos visto nas grandes metrópoles, sem que a sociedade apresente programas educativos e sociais de resultados efetivos.

O criminoso é um doente e a sociedade deve arcar com o ônus do seu tratamento, como trata um louco, porquanto os doentes não deixam de ser cidadãos. O sentimento religioso que carregamos no coração nos diz que não podemos abandonar à própria sorte esses seres ou fazer uma seleção da espécie. Somos contrários ao crime, mas o criminoso requer respeito e orientação, para que se reintegre na sociedade de origem. Importante observar que facilmente recomendamos medidas extremas para os outros, mas será que agiríamos da mesma forma em se tratando de um filho?

Argumenta-se, ainda, que a pena de morte seria aplicada somente aos irrecuperáveis. Mas não conhecemos o suficiente a natureza humana para afirmar que alguém é irrecuperável. O espiritismo nos ensina que o ser humano, sendo um espírito imortal, foi criado para a perfeição. Por mais que se demore no erro, com certeza se arrependerá e retomará o caminho do bem. E se isso não ocorrer nesta vida, dar-se-á na espiritualidade ou numa próxima reencarnação. O tempo que permanecer preso, ou em processo de reeducação, é de suma importância ao amadurecimento do espírito. De outro lado, matando-se o criminoso em verdade morre apenas o corpo. O espírito liberto, quiçá mais revoltado ainda, permanecerá entre nós incentivando outros indivíduos à prática de delitos, assim contribuindo para a manutenção do clima de violência.

A solução para esse grave problema é, e sempre será, a ação preventiva da educação com amor e disciplina, da solidariedade verdadeira, proporcionando-se a todos, desde o nascimento, as condições indispensáveis à vida digna e voltada para o bem.

Capítulo 30

ESPÍRITOS - MENSAGENS

É POSSÍVEL RECEBER MENSAGEM ESPIRITUAL DE UM AMIGO QUE MORREU RECENTEMENTE?

ENSINA O ESPIRITISMO que a morte não é o fim e nem separa definitivamente as criaturas. As pessoas que morrem – os espíritos –, passam a viver num mundo denominado espiritual, também conhecido por Eternidade ou Além. Esse mundo não é propriamente um lugar circunscrito no espaço, mas apenas uma outra dimensão da vida existente aqui mesmo no nosso planeta, embora algumas cidades espirituais estejam situadas acima da crosta. Por conseguinte, convivemos diuturnamente com os desencarnados (mortos) e nos influenciamos reciprocamente.

Os espíritos são revestidos de um outro corpo que os individualiza, mas este, por sua natureza fluídica, é invisível aos nossos olhos. Eles nos veem, mas nós ordinariamente não os vemos, embora alguns possam percebê-los. Isso, porém, não os impede de se comunicarem conosco e o fazem de diversas maneiras, especialmente pelo pensamento. Essa forma de comunicação é sutil e as pessoas desatentas das coisas espirituais não dão conta de sua ocorrência. Mas a manifestação espiritual pode ser mais direta e concreta quando os espíritos se valem dos chamados médiuns, nos fenômenos de psicografia e psicofonia.

É, pois, pela mediunidade que as pessoas conhecidas já mortas voltam para nos deixar uma mensagem, que seria tal qual uma carta ou um telefonema que recebemos de amigos e parentes que moram distantes. Mas essas mensagens passam pelo critério da necessidade, oportunidade e merecimento, e dependem ainda da autorização da espiritualidade superior. Isso porque o fenômeno não é fácil de ser realizado e tem suas implicações para o espírito como também para o encarnado. Assim, podemos pedir uma mensagem, mas a sua recepção independe da nossa vontade ou dos esforços do médium. Como dizia Chico Xavier, nesses casos o *"telefone só toca de lá pra cá"*.

As mensagens pela via mediúnica têm sido autorizadas pelos mentores com a finalidade principal de consolar as criaturas que ficaram desoladas ou desesperadas ante a morte de pessoa querida. Esse trabalho foi desenvolvido em larga escala por Chico Xavier e a autenticidade das mensagens foi comprovada pelas próprias pessoas que as receberam, ante a quantidade de informações que traziam e das quais o médium não poderia ter conhecimento. Há também prova científica, apresentada no livro *Psicografia à luz da grafoscopia*, do perito Carlos Augusto Perandréa, que comparou a letra da mensagem psicografada por um espírito (uma senhora italiana) com a letra de uma carta por ele escrita enquanto encarnado.

Muitas vezes, o espírito desencarnado encontra-se em precárias situações, em hospitais ou regiões inferiores, o que impossibilita o envio da mensagem por nós solicitada. De outro lado, existem pessoas que pedem mensagens apenas por curiosidade, o que lhes é recusado porque os espíritos superiores são sérios e não gostam de perder o seu precioso tempo. Outros fatores também dificultam a recepção da mensagem, como, por exemplo, a falta de afinidade entre o espírito e o médium, que é importante para que a mensagem seja fiel ao pensamento comunicado.

E se porventura formos agraciados com uma mensagem espiritual que nos console e anime, agradeçamos a Deus a bênção recebida e a usemos como estímulo para continuarmos perseverantes no caminho do bem, assim fazendo por merecer o reencontro com os espíritos amigos quando de nosso retorno à espiritualidade.

Capítulo 31

PASSES

O QUE É O PASSE?

O ESPIRITISMO TEM por objetivo maior o bem-estar do ser humano, que é alcançado em sua plenitude quando este se acha em perfeita harmonia consigo próprio e com o meio que o cerca. Sua metodologia dá prioridade à conduta preventiva e compreende uma infinidade de ensinamentos sobre as leis naturais que regem a vida material e espiritual.

Reforçando a mensagem de Jesus, diz a doutrina espírita, por exemplo, que o perdão deve ser usado sempre que alguém nos ofender, porquanto o ódio, a mágoa ou a revolta desequilibram o nosso emocional e causam doenças em nós mesmos. Obviamente, se perdoamos o ofensor nos libertamos dos efeitos nefastos desses sentimentos negativos.

O indivíduo, no entanto, é ainda muito acomodado e preso às paixões mundanas que lhe satisfazem os anseios imediatos, de modo que dá pouco valor à prevenção e acaba tendo que remediar as consequências dos abusos. É o caso da pessoa que prefere tomar remédios para curar a ressaca do que evitar a bebida alcoólica que a provoca.

Mas como tarda o dia em que seremos capazes de agir corretamente de tal forma que nunca fiquemos doentes, a doutrina espírita se dedica também a consolar e curar as criaturas. E o faz porque a medicina ainda não incorporou plenamente a ideia de que somos espíritos e de que na alma é que está a raiz dos nossos males. Num futuro que se espera seja próximo, a ciência comprovará a existência do corpo espiritual (perispírito), conhecerá o seu funcionamento e sua interação com o corpo de carne, com o que grande avanço conseguirá na cura da criatura humana.

O passe é um método de cura adotado pelo espiritismo, mas que já era do conhecimento de alguns povos da antiguidade e mais recentemente tem sido aplicado regularmente por algumas religiões e como terapia alternativa por profissionais da saúde. Jesus usou em larga escala a cura pela imposição das mãos, mas seus efeitos não eram milagres e sim decorrentes do emprego de técnicas energéticas que à época já eram por ele conhecidas.

Tem sua base no fato de que tudo na vida é energia e de que as energias podem ser permutadas e transformadas. O indivíduo pode movimentar essas energias, ou mais precisamente os fluidos que as contêm, pela força do seu pensamento, direcionando-o para um fim salutar ou pernicioso. Assim, quando pensamos positivamente em favor de uma pessoa, desejando-lhe paz, alegria e felicidade, estamos lhe enviando energias boas; pelo contrário, se endereçamos pensamentos de ódio e vingança, as energias que remetemos a ela é destrutiva. Nosso pensamento é força criadora, efetivamente. Se não vemos as nossas criações mentais, os efeitos delas já foram por diversas vezes constatados. Nada aí para estranhar, porquanto também não vemos as ondas sonoras, mas a escutamos.

Pois bem. O passe empregado nos centros espíritas é a transmissão de energias positivas de uma pessoa para outra com o auxílio dos espíritos bons. Processa-se com a imposição das mãos à altura da cabeça, sem o toque, enquanto o passista e a pessoa que o recebe se mantêm em oração, conduta íntima que favorece a assistência espiritual superior. Quanto mais sinceridade, quanto mais fé, mais poderosos serão os efeitos do passe, chegando mesmo a produzir, em alguns casos, curas imediatas.

Sem qualquer contraindicação, o passe pode ser buscado sempre que nos sintamos indispostos ou doentes, mas é importante ressaltar que, se nos curarmos, é preciso "não pecar mais, para que o pior não nos aconteça", como advertia Jesus ao curar os enfermos de sua época.

Capítulo 32

REUNIÃO MEDIÚNICA - PARTICIPAÇÃO

ACREDITO NA EXISTÊNCIA DOS ESPÍRITOS, MAS SE PUDESSE PARTICIPAR DE UMA REUNIÃO MEDIÚNICA FORTALECERIA MINHA CONVICÇÃO. O QUE DEVO FAZER?

ACREDITAR NA EXISTÊNCIA dos espíritos é a voz comum dos povos. A divergência está nos detalhes, ou seja: onde e como vivem e se podem se comunicar conosco.

A doutrina espírita é farta de estudos sobre a vida espiritual, repleta de fatos e pesquisas sérias apresentadas em livros, de modo que nós, os espíritas, não temos maiores dúvidas quanto a isso. Esse material está conforme a razão e robustece a nossa fé.

Tem o espiritismo sido alvo do reproche irreverente de incrédulos mais obstinados, mas quanto a esses deixamos que o tempo se encarregue de demonstrar o engano em que se mantêm. Afinal, todos vamos "morrer" um dia e a realidade poderá ser constatada pessoalmente. Como dizia o codificador Allan Kardec, o espiritismo não veio para os que têm suas crenças, mas para aqueles que estão insatisfeitos com os conhecimentos que já possuem.

A participação em uma reunião mediúnica, na qual é possível manter-se contato mais direto com o mundo espiritual, realmente permite que afastemos de nós qualquer dúvida sobre a existência dos espíritos. No entanto, é preciso considerar vários aspectos, sob pena de desilusões e sofrimentos.

Em primeiro lugar, uma reunião mediúnica deve ter por finalidade principal o bem do próximo, seja ele encarnado ou desencarnado. Não podemos dela participar simplesmente por mera curiosidade ou para satisfazer os nossos desejos pessoais e do cotidiano. O fenômeno mediúnico é complexo e o uso indevido da mediunidade tem graves implicações. Por isso, é imprescindível agir com seriedade, sem pensar em recompensas materiais de qualquer espécie, com o que estaremos atraindo a presença dos bons espíritos. Do contrário, os que virão ao nosso encontro serão espíritos zombeteiros, enganadores ou mesmo perversos, podendo acarretar o nosso desequilíbrio. Por outro lado, muitos espíritos socorridos nas reuniões são doentes ou perturbados e não gostariam de ver expostos a curiosos os seus sofrimentos, porque a morte não lhes retira os sentimentos.

Em segundo lugar, estude previamente a doutrina espírita, em especial a natureza dos espíritos e a mediunidade. Passou o tempo em que os pioneiros cansavam e sofriam na árdua experimentação. Hoje em dia ninguém mais deve se propor a qualquer atividade sem o conhecimento básico preliminar, aliás, exigência em grande parte das profissões humanas. É preciso saber com o que estamos lidando, para que nossos erros não prejudiquem a nós mesmos ou a outrem, o que é pior. Como dissemos acima, o fenômeno mediúnico é complexo, de ocorrência variada, envolvendo médiuns, espíritos manifestantes, energias, e o conhecimento nos dá maior aptidão para o trabalho, facilitando o intercâmbio com a espiritualidade.

Por fim, é necessário que haja simpatia e mútua confiança entre os integrantes de um grupo mediúnico, todos voltados para o propósito maior de servir ao próximo em nome de Jesus, para que a união do ideal proporcione o exercício pleno da lei do amor. Preenchidos esses requisitos básicos, poderá você participar das reuniões mediúnicas com segurança, sem riscos quaisquer, nelas adquirindo a certeza de que somos todos espíritos imortais.

Capítulo 33

ESPIRITISMO - VIDA SOCIAL

PARA SER ESPÍRITA É PRECISO ABANDONAR OS PRAZERES E AS FESTAS SOCIAIS?

JÁ DISSEMOS ANTERIORMENTE que a doutrina espírita não é proibitiva, mas esclarecedora. Nada impõe, tudo expõe. Isso porque não lhe interessa adeptos de fachada, a exemplo dos fariseus, que Jesus várias vezes reprovou por sua ostentação religiosa, equiparando-os aos sepulcros caiados, apresentáveis por fora e fétidos por dentro. A contribuição do espiritismo é para a melhoria interior da pessoa, melhoria que deve ser consciente, verdadeira e sólida, embora possa ser demorada. A conduta moral por freios exteriores é ilusória e temporária, porquanto na ausência desses freios manifestam-se os nossos íntimos anseios, a exemplo das águas do rio caudaloso contidas pela represa e que voltam a correr livres após a abertura das comportas.

Ser espírita não significa abandonar o mundo e nem abrir mão de alguns prazeres que ele possa proporcionar. É justamente na vida material, no dia a dia do trabalho, do lar e do lazer, no contato com o semelhante, que vamos aprimorando o intelecto e os nossos sentimentos, tendo também a oportunidade de colaborar para a melhora do próximo. Para isso Deus nos colocou juntos, para que nos ajudemos mutuamente, no cumprimento da lei de solidariedade. No entanto, se nos é permitido o conhecimento de tudo, convém que aproveitemos apenas aquilo que nos engrandeça.

Nesse ponto, a doutrina espírita ajuda-nos a compreender o que é verdadeiramente bom e útil. Somos espíritos e o nosso mundo de origem é o espiritual. Reencarnamos na Terra para rápido estágio de aprendizado e o nosso dever é retornar para casa com mais bagagem intelectual e moral. O que se diria de um aluno enviado a eminente e concorrido colégio e que, ao invés de se dedicar ao estudo, resolvesse frequentemente gazetear? Pois é o que costuma acontecer conosco. Tendo em mãos grande oportunidade de crescimento espiritual, preferimos apreciar a paisagem terrena, passando pela vida em deleites ilusórios, sem dela tirar proveito. É irresponsabilidade da qual iremos nos arrepender amargamente.

Por esse motivo, recomenda-nos o espiritismo que o lazer deve ser oportunidade de refazimento do corpo e da mente, nele encontrando a pessoa novas forças para o trabalho e as lutas diárias pela sobrevivência. Necessário analisar se ele realmente nos descansa e refaz ou se no dia seguinte estamos piores do que antes. É comum passeios de fim de semana serem mais cansativos do que propriamente o período que passamos trabalhando. Algumas pessoas vivem mais em férias do que trabalham; outras anseiam pela aposentadoria aos 50 anos, para viverem o resto da vida no gozo, esquecendo-se de que o Universo permanece em plena atividade e graças à mente operosa de Deus.

É claro, pois, que podemos ser espíritas e ir a bailes ou festas. Mas é bom verificar se o ambiente é saudável, frequentado por pessoas amigas, permitindo-nos uma alegria verdadeira, de modo a não sofrermos nenhum prejuízo. Ambientes de euforia descontrolada, alimentada pelo álcool, a droga ou a sensualidade, atraem espíritos inferiores que se valem dos indivíduos para a satisfação dos mesmos prazeres, estabelecendo com estes vinculações mentais ainda mais desequilibrantes. Que o bom-senso de cada um diga o que mais lhe convém.

Capítulo 34

REUNIÃO ESPÍRITA - ORAÇÕES

POR QUE NAS REUNIÕES NOS CENTROS ESPÍRITAS NÃO SÃO FEITAS MUITAS ORAÇÕES?

O ESPIRITISMO TEM tríplice natureza. É ao mesmo tempo ciência, filosofia e religião. A religião, no entanto, não quer dizer instituição sistematizada, com chefes, rituais e simbologia. É um sentimento que mantém a criatura ligada ao Criador: Deus. Sendo a doutrina espírita ciência e filosofia, as suas principais reuniões visam ao aprendizado das leis naturais, em especial aquelas que regulam o mundo espiritual e o seu relacionamento com o mundo material. Em razão disso, o caráter do Centro Espírita é, em primeiro plano, o de uma escola, na qual as criaturas aprendem a conduzir melhor as suas vidas.

Nessa escola ensina-se que o pensamento é, basicamente, a essência da alma. Por ele os espíritos podem se comunicar entre si e conosco, e vice-versa. Também é pelo pensamento que entramos em contato com Deus e a esse contato damos o nome de oração ou prece. Considerando a natureza sublime de Deus e dos Seus auxiliares (espíritos puros, também chamados anjos), as nossas preces somente serão ouvidas se estiverem carregadas de pensamentos sinceros e puros.

Costumamos iniciar e encerrar as nossas reuniões espíritas com uma prece a Deus. Por primeiro, manifestamos nosso respeito ao Criador e rogamos o amparo e a assistência superior para que a reunião transcorra em harmonia e consigamos assimilar corretamente os ensinamentos. Ao final, agradecemos pelas bênçãos recebidas.

Valemo-nos do PAI NOSSO ensinado por Jesus como a prece síntese das nossas necessidades, mas a ele ou a qualquer outra prece pronta não estamos obrigados, porque mais valem palavras simples e impregnadas de bons sentimentos do que fórmulas decoradas e repetidas maquinalmente, muitas vezes sem que seus significados sejam compreendidos.

De nada adianta orar muito, porque não será por suplicarmos insistentemente que seremos atendidos, senão pelos méritos que tenhamos alcançado. Por outro lado, dispensamos gestos exteriores, por entender que para Deus nada representam. Se fossem imprescindíveis, doentes acamados, paralíticos e pessoas sem braços ou pernas não poderiam orar, o que seria um contrassenso, já que é no sofrimento que mais precisamos de Deus.

Aprendemos com a ciência espírita que o pensamento é força transformadora. Com o pensamento é possível a manipulação das energias, convertendo-as em bálsamos ou em substâncias nocivas. Por isso, também nos recolhemos em reuniões particulares de vibrações ou de intercâmbio mediúnico, para endereçarmos pensamentos positivos a criaturas em sofrimento, sejam encarnadas ou desencarnadas. Nesses momentos, espíritos do bem recolhem as nossas energias e as utilizam como medicamentos restabelecedores da saúde e do equilíbrio.

Mas é em nós mesmos que sentimos os efeitos salutares da prece. Quando aprendemos a nos valer dela nos momentos de doenças, problemas ou outras situações aflitivas, elevamos o nosso padrão vibratório e passamos a irradiar luz, igualmente atraindo luz e amparo dos seres superiores, de tal modo que recobramos força, harmonia e serenidade.

A prece, portanto, é remédio eficaz para todas as dificuldades, sem qualquer contraindicação.

Capítulo 35

RELIGIÃO

É IMPORTANTE TER UMA RELIGIÃO?

ESSA É UMA dúvida que atormenta muitas pessoas na atualidade. Não satisfeitas com os padrões religiosos vigentes até algum tempo atrás, uma vez que não lhes era permitido discutir os dogmas instituídos e satisfazer os questionamentos do intelecto amadurecido, e tampouco encontrando o consolo para as suas aflições, não só abandonaram os templos, mas também se afastaram de Deus.

Refugiaram-se no trabalho e nos prazeres da carne, imaginando que isso pudesse lhes preencher a alma, mas os desajustes físicos e mentais que se vê à solta, abarrotando hospitais, cadeias e lares infelizes, demonstram o engano em que se mantêm. Inútil pensar que somos capazes de viver à margem de Deus. Sem o alimento material o corpo enfraquece, adoece e perde a vida. Sem o alimento espiritual a alma igualmente enfraquece, perturba-se e permanece em sofrimento, aqui na Terra ou na espiritualidade, um sofrimento que pode lhe parecer eterno.

Como o filho pródigo da parábola evangélica, que depois de muito sofrer retorna arrependido ao lar paterno, mais cedo ou mais tarde o indivíduo perceberá que os bens materiais adquiridos com o exaustivo trabalho não lhe satisfazem os anseios da alma, não lhe dão a força íntima capaz de suportar as dores maiores, como a perda de entes queridos, as desilusões amorosas, os fracassos, a solidão e os medos. Perceberá que a satisfação ininterrupta dos instintos gera permanente insatisfação, convertendo-se em angústia incontrolável e destruidora.

É certo que a medicina moderna tem contribuído para o reequilíbrio mental da criatura, mas ainda não alcançou a plenitude dos seus recursos, justamente porque não leva em conta o fato de que a pessoa é um espírito imortal e renasce várias vezes; e desconsidera também que somente a perfeita identificação da criatura com o Criador, pelo cumprimento das leis por este instituídas, é que proporcionará a saúde integral e perene. Em razão disso, acaba por tratar a doença, sem tratar o doente, que continuará a atrair para si mais doenças.

Ao curar as pessoas, Jesus alertava: "Vá e não peques mais". Sendo o maior de todos os terapeutas, ensinava o Mestre que somente a vida reta proporciona o equilíbrio da alma e do corpo. Deixou-nos ele regras divinas de comportamento, além daquelas insertas no decálogo de Moisés, para que pudéssemos viver bem conosco mesmo e com o próximo. Bastaria que as seguíssemos, e tudo em nós seria bom.

O espiritismo, procurando reviver o cristianismo em sua pureza, tem aprofundado o estudo da filosofia de Jesus, elucidando-a e complementando-a com as revelações do plano espiritual, dando-nos respostas fundamentais: Quem sou? De onde vim? O que faço? Por que sofro? Para onde vou?

Muitas pessoas dizem: não sigo nenhuma religião, mas creio em Deus e procuro ser bom. Ótimo, mas não basta. Ninguém que queira realmente crescer conseguirá sozinho penetrar em todos os conhecimentos eternos; é preciso estudo aprofundado das coisas, só alcançável pela troca constante de informações entre as pessoas. Ninguém sozinho conseguirá vencer todos os sofrimentos, porque não somos bastante fortes para isso; o apoio da religião e dos companheiros de crença ajuda-nos a evitar uma queda desastrosa.

Imprescindível, pois, que o ser humano retorne para Deus o quanto antes, buscando-o na religião que mais lhe preencha a alma. E encontrando Deus, terá encontrado a si mesmo, porquanto, na verdade, o Criador também está dentro da criatura.

Capítulo 36

POLÍTICA

O ESPÍRITA PODE INGRESSAR NA POLÍTICA?

O ESPIRITISMO RESPEITA todas as instituições governamentais, porque considera que originariamente foram criadas com o fim de proporcionar bem-estar ao povo. Se essa finalidade maior em algum momento foi deturpada, ou ainda está sendo, pelos que ocupam os cargos públicos, nem por isso a instituição em si mesma deve ser descartada, porquanto o modelo democrático é o que mais corresponde aos ideais cristãos.

Não cabe à doutrina espírita qualquer intromissão direta nos destinos políticos do Brasil e nem nos conflitos populares, porque essas questões, às vezes tão intricadas e de difícil solução, são de responsabilidade das autoridades constituídas.

Preocupa-se o espiritismo em oferecer ao indivíduo um estilo de vida baseado nos ensinamentos de Jesus, que são fundamentados na fraternidade universal e na solidariedade, enfim, no amor ao próximo. E nesse objetivo não há lugar para opção por ricos ou pobres, por criminosos ou vítimas, por governantes ou governados, porque perante Deus todos somos iguais. Aflitos, desesperados e sofredores espalham-se por todas as classes sociais, variando as circunstâncias e a natureza, mas na essência a dor é a mesma.

Não se pode fazer distinção entre aqueles que buscam o consolo na religião, assim como o médico não pode se negar a salvar a vida do criminoso ferido que lhe chega às mãos. Há males do corpo e males da alma, estes muito piores do que aqueles. E se a medicina cura o corpo, a religião deve se preocupar primordialmente em curar a alma.

Aliás, a doutrina revive o Cristo quando disse que não veio para os sãos, mas sim para os doentes.

Obviamente que não se pode pactuar com o erro, mas o criminoso merece sempre o nosso socorro e orientação, para que não venha a incorrer novamente no crime. Segundo o Evangelho, há mais alegria no céu por um pecador arrependido do que por noventa e nove justos que não precisam de arrependimento (Lucas, 15:7).

O espiritismo, assim, não tem quaisquer pretensões ao poder temporal e falível dos homens, e sua mensagem consoladora é dirigida essencialmente ao coração e à mente da criatura.

Lemos certa vez a história sobre determinado jornalista que pretendia escrever uma crônica, mas não conseguia porque o pequeno filho andava de bicicleta ao seu redor. Para conseguir silêncio, deu ao filho um quebra-cabeça do mapa-múndi, imaginando que com isso ele ficaria entretido por um bom tempo, face à dificuldade de se identificar os países. Foi grande a sua surpresa quando logo o filho terminou de montar. Mais surpreso ainda ficou com a resposta do pequeno: foi fácil, atrás do mapa havia o corpo de um homem; montei o homem e o mapa apareceu. Então o jornalista escreveu o seu melhor artigo, falando que o nosso mundo pode ser melhorado se as pessoas também se tornarem melhores.

Não obstante, o espírita não é impedido de iniciar-se na vida pública, se para isso tiver inclinação. Poderá ocupar cargos e funções de relevo na sociedade. Imperioso, porém, que seja forte o bastante na sua convicção cristã, tornando-se um servidor do povo e não se deixando corromper pelas vaidades e facilidades do poder, pois do contrário estará assumindo imensas responsabilidades perante a Justiça Divina.

Capítulo 37

CASAS ASSOMBRADAS

Existe mesmo casa mal-assombrada?

Segundo a crença popular, lugar mal-assombrado é aquele frequentado por fantasmas, por seres do Além. A história nos fala dos castelos europeus onde se ouviam barulhos de correntes, de armaduras, vozes e gritos. Mais modernamente, chegaram notícias, aqui ou acolá, de que em certos prédios caíam pedras que inexplicavelmente surgiam no ar; que as portas e janelas batiam sem que houvesse vento; e que vez por outra eram ouvidos ruídos ou vozes de origem desconhecida. Bem por isso, também é fato que existem casas nas quais não param inquilinos, pois não conseguem dormir ou não suportam a energia pesada do ambiente.

O medo das pessoas a respeito desses fatos considerados sobrenaturais foi exageradamente alimentado pelo cinema, que, aliando imaginação fértil tenebrosa e recursos técnicos, criou filmes de arrepiar os cabelos e fazer perder o sono. A par dos terríveis monstros do outro mundo, como esqueletos, múmias, corpos em decomposição e seres maléficos invisíveis, ressuscitados para destruir os humanos – uma realidade impossível – surgiram exorcistas com suas fórmulas mágicas e os caçadores de fantasmas armados de apetrechos para destruí-los.

Com o espiritismo encontramos uma explicação natural para as casas assombradas.

Os humanos somos espíritos reencarnados e integramos a chamada Humanidade visível. Após a morte do corpo de carne sobrevive o espírito, que mantém a sua individualidade graças ao corpo espiritual (perispírito), o qual tem organização própria e não é simplesmente uma nuvem de fumaça ou um lençol flutuante. Dessa forma, o espírito volta a integrar a Humanidade invisível, que na verdade é a sua origem.

Se fomos na Terra crentes em Deus, voltados para as coisas espirituais e bem-intencionados, na espiritualidade somos esclarecidos sobre a nova condição de vida e encaminhados para regiões superiores distantes da crosta. Porém, aqueles mais apegados aos bens materiais e que nunca se preocuparam com a continuação da vida no Além, não se acreditam mortos ou não querem ir embora, aqui permanecendo ligados às pessoas e aos locais com os quais estavam habituados, pretendendo com isso, mas enganadamente, manter a mesma vida de antes.

Os que sabem que morreram, mas não conseguem se libertar dos prazeres da Terra, ficam por aqui perambulando e se abrigam nas casas daqueles que lhes são afins ou então em locais abandonados, considerando-os suas moradas, que também procuram defender de intrusos.

Espíritos que se acham ainda vivos (no corpo), não compreendem como outras pessoas passaram a ocupar as suas residências e, meio perturbados com a situação, fazem de tudo para expulsar aqueles que consideram invasores. Provocam barulhos, jogam pedras, batem nas panelas e procuram atormentar os moradores, até que consigam expulsá-los.

Quase sempre ignorantes das leis espirituais, esses espíritos agem sobre a matéria de maneira quase que instintiva ou porque aprenderam como fazer, mas sem ter exata ciência do mecanismo. Conforme Allan Kardec, trata-se de um fenômeno de efeitos físicos, para o qual se faz necessária uma energia específica de pessoa portadora de mediunidade, normalmente encontrada entre os próprios residentes ou na vizinhança.

Ameaças, fórmulas verbais, velas ou quaisquer outros expedientes materiais ou gestuais não produzem qualquer efeito. A solução será sempre atrair para o local os bons espíritos, os quais naturalmente se encarregarão de afastar ou auxiliar aqueles inferiores que ali fizeram morada.

Daí a importância do evangelho no lar ou das orações sinceras, acompanhadas da conduta moralmente elevada e da harmonia familiar, estabelecendo assim um clima de paz receptível aos bons amigos espirituais.

Capítulo 38

FAMÍLIA - DESAVENÇAS

COMO ENTENDER AS DESAVENÇAS FAMILIARES, QUE MUITAS VEZES TERMINAM EM MORTES?

IMAGINA-SE QUE OS integrantes de uma família deveriam nutrir uns pelos outros sentimentos de amizade, carinho e respeito, em suma, sentimentos de amor. Afinal, são todos do mesmo sangue. A realidade, porém, é bem outra. O que se vê com muita frequência são conflitos familiares, não raro culminando no rompimento das relações ou em tragédia.

Lembrando que somos espíritos imortais e que já vivemos outras vidas, a família problemática é a nova oportunidade que Deus nos concede para o reajuste com as criaturas com as quais nos comprometemos em situações passadas, por iniciativa nossa ou não. Desafetos de reencarnações anteriores, em decorrência de relações amorosas ou problemas materiais de qualquer natureza, renascem agora como irmãos para, sob a orientação de pais amorosos e/ou enérgicos, se reaproximarem e se reconciliarem. A mesma linha de pensamento serve para os casos de incompatibilidade entre pais e filhos, nem sempre superada pelos carinhos e cuidados de infância.

Mas nem todos os problemas de relacionamento familiar decorrem de inimizades de vidas passadas. Muitos têm origem nas nossas condutas do presente, quando deixamos falar mais alto o orgulho, o egoísmo, a ambição e a violência ainda existentes em nós, gerando desavenças que se perpetuam no tempo.

Muitas famílias, porém, são exemplos de puro amor. O relacionamento harmonioso, solidário e pacífico é de causar inveja. Algum desentendimento é logo superado pela compreensão e pelo perdão. Parece até que seus integrantes se bastam, resolvendo entre si mesmos os problemas da vida, dispensada a ajuda direta de outras pessoas.

Isso tudo justifica uma distinção entre os laços corporais e os laços espirituais, à qual se referiu Jesus quando lhe disseram que estava sendo procurado pelos irmãos: "Quem é minha mãe e quem são meus irmãos?" (Mateus, 12:47). É óbvio que o Cristo, que pregava o amor ao próximo, não renegava a sua família, embora não fosse bem compreendido por ela. Aproveitava ele a oportunidade para ensinar a todos que os laços que verdadeiramente unem as criaturas são os do coração e não os consanguíneos. Por essa razão encontramos desafetos no nosso lar, ao passo que tributamos a amigos amor incondicional.

Não significa, contudo, que devamos abandonar o lar adverso para sair em busca dos que nos sintonizam o ideal. É preciso todo esforço para converter em amigos os desafetos de casa, já que estamos juntos com essa finalidade e o adiamento do reajuste acarretará maiores dissabores. Apliquemos as lições do Evangelho àqueles que são o nosso próximo mais próximo, procurando silenciar ante a ofensa, dialogar esclarecendo, compreender as falhas e amparar sempre. Se vencedores, estaremos livres para buscar a nossa família espiritual, agora possivelmente ampliada com um novo afeto.

E se porventura nos sentimos felizes e apoiados na nossa família terrena, devemos ser imensamente gratos a Deus e estender essa felicidade a inúmeras criaturas que permanecem em sofrimento, trazendo-as também ao calor dos nossos corações, porque é assim que o Cristo procura fazer com todos nós, que considera seus irmãos, filhos do mesmo e único Criador.

Capítulo 39

CÉU E INFERNO

EXISTEM MESMO UM CÉU E UM INFERNO DEPOIS DA MORTE? E SE EXISTEM, ONDE FICAM?

CÉU E INFERNO sempre estiveram correlacionados com a ideia de premiação ou castigo de quem age certo ou errado, no bem ou no mal. Todos os povos e religiões têm essa noção, porque faz parte do natural senso de justiça inerente ao ser humano e o espírito também traz no inconsciente as impressões do sofrimento experimentado por causa dos erros de vidas passadas. Também decorre da conhecida lei de ação e reação, pela qual *"a toda ação há sempre uma reação oposta e de igual intensidade"* (terceira lei de Newton). No espiritismo, no que diz respeito às nossas condutas, preferimos dizer "lei de causa e efeito", significando que toda atitude de nossa parte sempre vai produzir um resultado, positivo ou negativo, salutar ou prejudicial, pelo qual somos responsáveis.

Quando ainda sem condições de bem compreender as verdades espirituais, especialmente a vida após a morte, o ser humano imaginou um céu e um inferno consoante a sua limitada inteligência e os seus anseios pessoais. O paraíso seria então a recompensa almejada pelos bons, mas pelos critérios da felicidade do nada de preocupações ou do nada por fazer. Já no inferno o mau estaria ardendo em chamas para sempre, sob o guante do demônio, o maligno eterno opositor de Deus. Em função disso, por muito tempo os religiosos déspotas conseguiram o domínio sobre os fracos, ameaçando-os com o fogo eterno; ao passo que, a peso de ouro, vendiam lugares no paraíso aos senhores poderosos que viviam na luxúria e na corrupção.

A doutrina espírita, desvendando para nós as verdades do mundo espiritual, permitiu melhor compreender o sentido de céu e inferno.

Afasta-se de início a ideia de anjos e demônios criados por Deus e desde sempre voltados para o bem e para o mal. Todos fomos criados simples e ignorantes, sem exceção, e destinados à conquista da pureza. O anjo é o espírito que já atingiu a culminância; e o demônio é o espírito ainda inferior e que teima em permanecer na maldade, mas que como todos um dia vai se arrepender e retomar a marcha do progresso.

Céu e inferno são estados de consciência. Deus, na Sua infinita sabedoria, criou mecanismos automáticos que conduzem a criatura ao seu crescimento intelectual e moral. Como dissemos no início, toda atitude nossa implica numa consequência, em nós mesmos, nos semelhantes ou na natureza. A avaliação do retorno nos permite saber se estamos agindo conforme a lei Divina ou contra ela. As coisas boas que nos chegam nos proporcionam paz, felicidade, alegria, segurança e nos estimulam a continuar por esse caminho. As coisas ruins nos causam doenças, desequilíbrios, tristezas, aflições e solidão; e tais sofrimentos são permitidos por Deus para que repensemos a nossa vida e reajustemos o passo.

Ao despertar da consciência – o que às vezes depende de muito sofrimento –, o espírito arrepende-se dos erros cometidos e não fica em paz enquanto não consegue se redimir. Aqui na Terra, atenuamos a culpa ocupando a nossa mente no trabalho, no estudo, no sono, no lazer e até mesmo nos vícios. Na espiritualidade, porém, onde tudo é absolutamente transparente, o erro e o arrependimento permanecem conosco todo o tempo, convertendo-se num verdadeiro inferno.

Por uma lei de afinidade, os bons reúnem-se com os bons, daí falar-se em paraíso; e os maus ajuntam-se com os maus, daí o inferno. Em qualquer caso, não há um lugar predeterminado; "paraísos" e "infernos" situam-se espalhados pelo planeta, estes sempre mais próximos da crosta terrena. O certo, contudo, é que, por onde formos, estaremos carregando na intimidade a felicidade ou o sofrimento que atraímos com as nossas ações.

Capítulo 40

JESUS - RESSURREIÇÃO

Como explicar a ressurreição de Jesus: foi em corpo ou em espírito?

A VIDA DE Jesus está repleta de acontecimentos e de fenômenos que nos parecem fantásticos e sobrenaturais, alguns deles denominados milagres. Nada há, porém, de sobrenatural, porquanto as leis de Deus não podem ser derrogadas e a elas tudo e todos estão sujeitos. O que ocorre é que nem sempre temos o conhecimento necessário para a explicação de todos os fatos. Por isso, para muitos, é mais fácil não acreditar neles, enquadrá-los como dogmas que não se pode discutir ou até mesmo ignorá-los.

No transcorrer dos tempos, a ciência experimental

pôde elucidar muitos "mistérios" da vida, confirmando uns e contrariando outros. Mas boa parte das revelações científicas emerge da mente fértil e inspirada de alguns gênios, que se antecipam à demonstração material formulando teorias que posteriormente são comprovadas por eles mesmos ou por seus colegas. O exemplo mais notório é o de Einstein, com sua teoria sobre a relatividade.

Um dos grandes desafios para os cientistas ainda é a questão da alma, pois até agora não conseguiram, por si mesmos, provas da sua existência. As religiões, no entanto, a aceitam como uma realidade. O espiritismo a admite não simplesmente por se tratar de um ato de fé, mas porque a razão demonstra que além da matéria destrutível existe um ser individualizado, imortal, que é a essência do pensamento e dos sentimentos; e, além disso, a dedução lógica é confirmada pelos fenômenos mediúnicos que ocorrem espontaneamente ou pela contribuição direta de médiuns seguros e confiáveis.

Enganam-se os cientistas em acreditar apenas naquilo que pode ser medido e pesado, submetido a controle e repetido em laboratório. O campo da espiritualidade foge aos parâmetros da ciência humana atual, mas a existência da alma pode ser confirmada pela observação dos fatos. Por isso, é importante que a ciência e a religião se unam na busca da verdade, para que a fé e a razão, em equilíbrio, proporcionem ao ser humano melhor compreensão da vida.

A ressurreição de Jesus foi em espírito. A ciência demonstra que o corpo de carne morto não recobra a vida e contra esse fato não se pode conjecturar. Morto o corpo de Jesus, restava ainda a ele o seu corpo espiritual (perispírito), e foi com este que apareceu no terceiro dia para Madalena e posteriormente aos demais apóstolos e outros seguidores.

Sendo o perispírito matéria, embora num estado mais rarefeito, foi possível a Jesus, pela força do seu pensamento, condensá-lo e torná-lo visível a terceiros; e também tangível, como quando se permitiu ser tocado por Tomé. E quanto ao corpo de carne desaparecido, uma das hipóteses levantadas é a da desmaterialização, uma vez que os judeus da época não compreenderiam como Jesus poderia estar morto e aparecer em outro lugar.

A ressurreição vinha confirmar a veracidade dos ensinamentos de Jesus, fundamentados em maior parte na existência de uma vida futura, onde se alcançaria a felicidade; e deu aos primeiros cristãos a fortaleza necessária para perpetuarem a Boa-Nova, pela palavra e pelo exemplo. Depois de Jesus, a história registrou a aparição de outros homens e mulheres, dando-nos a certeza da sobrevivência da alma e da possibilidade do intercâmbio entre o nosso mundo e o mundo espiritual. No futuro, certamente, a ciência humana proporcionará aos incrédulos as provas de que necessitam para acreditar.

Capítulo 41

MAGIA NEGRA

PODEMOS SER PREJUDICADOS PELOS TRABALHOS DE MAGIA NEGRA?

OS CHAMADOS TRABALHOS de magia negra têm uma conotação espiritual. Feiticeiros e bruxos movimentariam as forças do Além para prejudicar o próximo, normalmente mediante determinada remuneração. São procurados por pessoas que desejam destruir o inimigo; por apaixonados que tramam o desmantelo do lar alheio para poder conquistar o seu amor; por empresários que buscam se livrar do concorrente; enfim, por aqueles que, não conseguindo seus objetivos vergonhosos por meios materiais e diretos, buscam-nos pelos métodos que consideram sobrenaturais.

Infelizmente, esses trabalhos existem e podem, eventualmente, alcançar seus fins.

Como já foi dito, a morte não muda repentinamente o espírito, que retorna para a espiritualidade com a mesma personalidade. O decesso é apenas um fato natural na linha da vida, marcado pelo rápido instante do último suspiro no corpo carnal. Em tudo vige a assertiva de que "a natureza não dá saltos". Assim, não é difícil aceitar que o malvado daqui continue sendo malvado do outro lado; que ao morrer a pessoa presa aos prazeres mundanos ainda necessite das coisas materiais para satisfazer as suas vontades.

Imaginemos, então, que um médium (pessoa sensitiva que serve de intermediária entre o mundo corporal e o espiritual) sem freios morais, capaz de atos abomináveis para enriquecer-se, aceite prejudicar alguém mediante acordos com certos espíritos grosseiros, que o escritor espírita Richard Simonetti denominou "bandoleiros do Além". Estes, por sua vez, acodem ao chamamento do médium e realizam o "serviço contratado", recebendo em troca as energias que lhes podem proporcionar prazer, advindas do uso de cigarros e charutos, bebidas alcoólicas e até de sangue, com as quais se satisfazem e se mantêm no mundo espiritual inferior.

As técnicas empregadas por esses criminosos espirituais são as mais diversas. Comumente, insuflam na "vítima" pensamentos de revolta, de ciúmes, de ódio, de desconfiança, de dúvida; alimentam a vaidade, o orgulho e outros sentimentos inferiores nela já existentes; derramam sobre a mesma fluidos animalizados, perturbando-lhe a harmonia corporal e mental, levando-a à depressão e ao suicídio; e despertam antipatia por ela nas pessoas com as quais convive. Podem, inclusive, agir sobre objetos materiais, movimentando-os ou fazendo com que desapareçam, o que é motivo de desequilíbrio.

O mais importante de tudo, porém, e que deve ficar bem ressaltado, é que a ação desses espíritos infelizes só produzirá seus efeitos se nós permitirmos. A nossa conduta negativa, voltada apenas para os prazeres terrenos, para o materialismo e a ganância, para o vício e a sensualidade, sintoniza-nos com a natureza daqueles e torna-nos vulneráveis. Sofremos a sua ação da mesma forma que poderíamos ser atingidos pelo projétil de um pistoleiro encarnado. E Deus permite que isso aconteça para que o sofrimento decorrente seja um alerta do enganoso caminho que estamos percorrendo e busquemos as coisas mais sublimadas.

Deduzimos, pois, que nada devemos temer se somos pessoas confiantes em Deus, se procurarmos agir sempre pensando no bem do próximo e se trabalharmos honestamente para o nosso sustento. Com certeza, não há magia negra capaz de vencer a luminosa magia do amor.

Capítulo 42

VIDA EXTRATERRESTRE

HÁ VIDA EM OUTROS PLANETAS?

NÃO FAZ MUITO tempo e a vida era conceituada como sendo aquilo que os nossos olhos conseguiam ver em movimento na terra, nas águas e no espaço. As estrelas, por sua vez, representavam astros de luz que Deus esparramou pelo céu para abrilhantar as nossas noites.

Surgiu o microscópio e descobriu-se que a vida extrapola as nossas percepções sensoriais. Existe um mundo infinitamente pequeno onde incontáveis criaturinhas permanecem em constante atividade. E mesmo na natureza considerada morta, como as rochas, há partículas atômicas em plena agitação. E com os telescópios, as estrelas multiplicaram-se: Trilhões de galáxias, com trilhões de sóis e trilhões de planetas, a uma distância medida até em milhões de anos-luz. A ciência já desconfia ser impossível afirmar que o Universo possa ser delimitado. E alguns cientistas ainda discutem, sem conclusão, a teoria do "big bang", a grande explosão que teria dado origem ao Universo num determinado dia.

Para o espiritismo, o Universo é infinito e infinitos são os mundos que o compõem, incessantemente renovados pelo Criador. Perda de tempo querer determinar o primeiro dia, que está nos segredos de Deus. Todos esses mundos não têm outra finalidade senão servir de morada para os seres, igualmente criados a todo instante. Difícil imaginar que Deus, o Senhor da vida, esteja a descansar em algum lugar.

Se a ciência ainda não conseguiu demonstrar que há vida fora da Terra é devido à precária tecnologia. Não se pode, só por isso, afirmá-la inexistente. A observação da natureza nos indica que há vida em diversos meios naturais: os peixes respiram na água; as minhocas vivem no interior da terra; e as árvores metabolizam o gás carbônico, que é veneno para os humanos. Se assim é, por que criaturas inteligentes não podem viver em planetas de constituição física diferente da nossa?

RESPOSTAS ESPÍRITAS | 153

A razão indica que a Inteligência Suprema não iria criar zilhões de planetas e colocar vida apenas em um deles, que é um dos menores de um pequeno sistema solar. Imaginemos alguém muito poderoso construindo uma imensa cidade, para ao fim colocar moradores numa única casa de um simples bairro. A comparação mostra o absurdo da hipótese. Ademais, cientistas avaliaram que devem existir bilhões de planetas semelhantes à Terra nos sistemas solares conhecidos atualmente.

Cada planeta é apropriado à habitação de uma determinada categoria de espíritos. Os mundos inferiores, de natureza semelhante à da Terra nos seus primórdios, servem de residência aos espíritos que iniciam seu aprimoramento moral e intelectual. Os mundos superiores, chamados celestes, abrigam os espíritos purificados. Entre estes e aqueles existem os mundos intermediários, onde mora a grande maioria da Humanidade. Não estamos presos definitivamente a um planeta. Se não acompanhamos a sua evolução, somos compelidos a reencarnar em outro de condição física inferior. E se adiantamos o nosso progresso pelo esforço, fazemos jus a habitar um mundo melhor.

A Terra é considerada um mundo de categoria inferior, classificado como de expiações e provas, cuja maioria dos habitantes ainda se deixa dominar pelos instintos e pelo mal. No presente momento, estamos nos preparando para ingressar na terceira categoria, que é a de regeneração, onde os bons começam a preponderar. Se ficarmos por aqui, já será uma grande felicidade.

Capítulo 43

VIDA ESPIRITUAL

COMO É A VIDA NO MUNDO DOS ESPÍRITOS?

QUANDO SE PERGUNTA como é a vida depois da morte, a resposta muito comum é a de que ninguém nunca voltou para contar. No entanto, os chamados mortos já retornaram para relatar o que existe no mundo espiritual e os seus relatos, a partir de 1857, começaram a ser registrados por Allan Kardec, nas obras básicas do espiritismo, como *O Livro dos Espíritos*, *O Livro dos Médiuns*, *O Céu e o Inferno*, e também na *Revista Espírita*. Mas foi pela mediunidade de Chico Xavier que tivemos informações mais concretas, trazidas particularmente pelo espírito André Luiz e confirmadas por vários outros espíritos pelas faculdades de outros médiuns.

A idoneidade desses médiuns e a concordância das descrições não nos permitem duvidar da sua veracidade. Não fosse isso bastante, pesquisadores não espíritas também possuem dados sobre o Além, reunidos nas experiências-de-quase-morte, em que pessoas que estiveram aparentemente mortas ou em coma, ao recobrarem a consciência falaram sobre a vivência extrafísica, algumas com detalhes que foram comprovados e impossível de serem percebidos no estado em que se encontravam. Assim também nos exercícios de desdobramento consciente, ou de projeção da mente, nos quais o encarnado permanece lúcido na espiritualidade e a descreve.

Ao primeiro contato com as informações sobre a espiritualidade, parece ao aprendiz que tudo não passa de uma fantasia. Difícil para ele acreditar num mundo organizado fora da matéria, invisível, fluídico. É que até agora aprendemos a considerar verdadeiro e possível apenas aquilo que fere os nossos sentidos. Estamos, porém, sujeitos a tantas vibrações, ondas e forças que não vemos, mas cujos efeitos sentimos. Até pouco tempo, também eram fantasias as criações de Júlio Verne e de Leonardo da Vinci. O tempo e o progresso converteram o sonho em realidade.

Na verdade, o mundo material é imperfeita cópia do mundo espiritual, que é o nosso mundo de origem.

Todo o progresso que temos na Terra vem sendo alcançado graças ao trabalho de espíritos iluminados, que reencarnam no orbe com a missão de ajudar os seres humanos a avançar no campo das artes, das ciências e da moral. Esses abnegados servos de Jesus trazem consigo, inconscientemente, o compromisso assumido e se desdobram no seu cumprimento.

A espiritualidade é constituída de uma natureza própria, que se eteriza na medida em que se afasta da crosta terrena, configurando-se em várias esferas. Nesse terreno espiritual, com geografia e flora específicas, foram construídas cidades organizadas, com residências, hospitais, escolas, templos e parques. Lá existem objetos de uso pessoal e coletivo, veículos de solo e espaciais, aparelhos de comunicação e computadores, inventados bem antes de serem aqui materializados. Para os desencarnados, o mundo espiritual é tão concreto quanto o mundo físico é para nós, guardadas as devidas especificações e propriedades mais suscetíveis à ação da vontade e do pensamento. É tão real e parecido com o nosso que muitos recém-desencarnados têm dificuldade em aceitar o fato de que já deixaram o corpo morto.

Os espíritos têm uma vida social assemelhada à nossa, mas as relações pessoais se dão em bases verdadeiras, pois lá não se consegue viver de aparências. O trabalho existe, como em tudo no Universo, mas sempre com um fim útil e coletivo, remunerado com oportunidades maiores de aprendizado e realizações individuais.

A essas regiões, que se mostram de felicidade maior do que a da Terra, têm acesso apenas os espíritos conscientes, que aceitam Deus e se propõem sinceramente ao crescimento pela prática do bem. Os materialistas e os voltados para o mal encontram barreira vibratória intransponível e são compelidos a permanecer na crosta ou em regiões inferiores, o que para eles é motivo de revolta ou sofrimento.

A quem se interessar por um aprofundamento do tema, recomendo todas as obras de André Luiz. Mas, conforme este mesmo informa, ainda assim só se terá pálida ideia do que é o mundo dos espíritos.

Capítulo 44

DEMÔNIOS – POSSESSÃO

EXISTE A POSSESSÃO DEMONÍACA?

TRADICIONALMENTE, O DEMÔNIO é considerado o anjo revoltado que eternamente combate a Deus e instiga o homem para o mal. O espiritismo dá interpretação diferente. Não é compatível com a sabedoria e a bondade divinas a criação de seres para sempre voltados à maldade e à destruição. Deus não faz nenhuma distinção entre Seus filhos. Cria-os todos simples e ignorantes e dá-lhes as mesmas oportunidades de alcançar a felicidade, pelo desenvolvimento da inteligência e dos sentimentos.

O demônio é simplesmente um espírito que ainda não compreende as leis divinas e, não conseguindo ser feliz, não quer permitir que os outros também o sejam. Pelos crimes cometidos, afundou-se tanto nas trevas que não acredita possa um dia se libertar delas; desconhecendo os efeitos salutares do amor, apega-se à força e a emprega contra todos e tudo, imaginando com isso manter-se indene de quaisquer investidas contra si, mesmo as amorosas de Deus, cujo domínio recusa-se a admitir. Contudo, por mais que se demore no mal, a lei do progresso fará com que se arrependa e retorne ao caminho do bem.

Demônios, pois, são todos aqueles espíritos renitentes no erro, na vingança, na revolta. Tanto podem ser desencarnados como encarnados. É comum encontrarmos pessoas tão malvadas, cruéis e frias que nos referimos a elas como sendo o próprio demônio.

E esses espíritos podem realmente atormentar uma pessoa, tentando-a ao mal, insuflando nela pensamentos negativos de variada natureza, num processo que a doutrina espírita denomina obsessão. Em outras vezes, conseguem maior domínio sobre ela e a subjugam, fazendo com que tenha condutas violentas, anormais e ridículas, de maneira que aos olhos dos outros e dos médicos é considerada uma louca. Também não é muito raro os casos em que o espírito imprime tão fortemente sua personalidade sobre a pessoa, justapondo-se ao seu corpo e comandando-o como se fosse seu, numa espécie de possessão momentânea.

Em hipótese alguma, porém, consegue o espírito maléfico apoderar-se definitivamente do corpo de alguém. A alma está ligada ao corpo por laços fluídicos estabelecidos desde a concepção, os quais só se rompem com a morte. Portanto, enquanto há vida, ali está a alma, que não pode ser substituída por outra.

Perturbações espirituais não são afastadas com palavras cabalísticas, objetos ou talismãs, porque os obsessores sabem que eles não lhes podem causar nenhum mal. É preciso que o obsidiado renove a sua mente para o bem, adquira hábitos sadios, exercite a caridade e fortaleça a sua fé em Deus pela oração. Nos casos mais graves, é imprescindível o diálogo esclarecedor com o obsessor, conclamando-o ao amor, ao perdão ou ao entendimento fraterno.

Em qualquer caso, porém, somos nós mesmos que atraímos espíritos inferiores, como um ímã atrai a limalha, quando mantemos vida desregrada, nos vícios e na sensualidade, na usura e na ambição, na vaidade e na inveja, na preguiça e no pessimismo, na revolta e na intolerância, enfim, quando estamos distantes de Deus.

Daí a importância de uma reflexão sobre a nossa vida, a necessidade de reavaliarmos as nossas condutas, de modo que, fazendo luz, afastemos as trevas do nosso caminho.

Capítulo 45

FÉ CRISTÃ

QUAL O SIGNIFICADO DA FÉ CRISTÃ?

A FÉ CRISTÃ é a manifestação da nossa crença nos ensinamentos de Jesus e significa, acima de tudo, confiança absoluta em Deus. É um sentimento íntimo que nos liga aos poderes divinos e cujo robustecer depende em especial de nós mesmos. Pelas inúmeras experiências nas muitas vidas, acabamos reconhecendo a nossa fragilidade e a existência de um Ser Superior que a tudo rege, passando a depositar n'Ele as nossas esperanças de salvação e felicidade.

Por essa razão, ninguém deve impor a sua fé. Pelo contrário, devemos respeitar a crença dos outros, lembrando que Deus se revela aos Seus filhos conforme a capacidade de compreensão de cada um. E se não respeitamos como pensa o nosso próximo, como vamos querer ser respeitados?

A doutrina espírita é essencialmente cristã, porque Jesus é o nosso modelo de moral, mas propõe a fé raciocinada como a única capaz de enfrentar todas as questões, face a face, em qualquer tempo. Não tem dogmas indiscutíveis e seus ensinamentos são fundamentados na lógica, na experiência e nos fatos. O adepto sente-se livre para questionar, esclarecer as suas dúvidas, para que por si mesmo se convença, para que sua fé seja verdadeira e não simples aparência.

A fé robustecida pela razão é corajosa, paciente, confiante e resignada. Atormentada pelas vicissitudes naturais da vida, imprescindíveis ao nosso aprimoramento espiritual, suporta os golpes e converte-os em aprendizado, mais se engrandecendo. Por isso, o indivíduo de fé é sereno nas dificuldades e no sofrimento, conquanto para muitos sua conduta possa ser considerada fria e insensível.

Jesus destacou enfaticamente a importância da fé, afirmando mesmo que a fé do tamanho do grão de mostarda seria suficiente para mover montanhas, querendo dizer que tudo é possível para a pessoa que crê em Deus e em suas próprias potencialidades. Quando curava, o Mestre não raro esclarecia que isso era devido à fé da pessoa beneficiada; e outras vezes admoestou os apóstolos quanto à falta de fé, por não conseguirem curar doentes ou obsidiados.

Mas uma das qualidades da verdadeira fé cristã é ser ativa. O crente sincero não espera que Deus venha solucionar os seus problemas. Confiante no amor e na Justiça perfeitos, movimenta as suas próprias forças na busca da solução, na certeza de que irá alcançar aquela que mais lhe convém, mesmo que demore. Sabe que buscando achará, mas age consoante a lei que recomenda amar ao próximo como a si mesmo, empregando apenas os meios honestos e que não prejudicam a ninguém, ainda que aparentemente isso implique em seu próprio prejuízo.

Se a fé não pode ser imposta, é importante que seja exemplificada, para que os incrédulos, os fracos e os aflitos sejam contagiados com essa atitude confiante, encontrando novas forças, esperança e coragem para igualmente vencerem as suas dores.

Nestes tempos de hoje, em que misérias morais e materiais parecem avolumar, é imperioso o fortalecimento da nossa fé em Deus, pela compreensão das verdades eternas. E acima da nossa crença particular, a ser respeitada, que as nossas obras no Bem sejam a manifestação da mais sincera e irrestrita confiança no Pai.

Capítulo 46

MORTES COLETIVAS

Como o espiritismo explica as mortes coletivas em acidentes, epidemias ou em grandes catástrofes?

QUANTO MAIS NOS aprofundamos no estudo das leis divinas, melhor entendemos a perfeição de Deus. Nada acontece sem que o Supremo Criador permita e sem que tenha uma utilidade ao nosso aprendizado, ainda que isso aparentemente seja um mal.

A morte tem um significado especial para a alma, uma vez que é por ela que deixamos a vida na Terra e retornamos à espiritualidade, que é o nosso mundo de origem. As circunstâncias da morte também são aproveitadas em nosso favor, principalmente quando ocorre de forma violenta ou acompanhada de sofrimento.

A dor é um instrumento de mais rápida evolução, porquanto demonstra o quanto somos frágeis e carentes de amparo dos semelhantes, despertando em nós a humildade, a gratidão e os sentimentos de fraternidade e solidariedade. É, pois, um sinal de nossa inferioridade.

A melhor maneira de compreendermos o engano de nossas condutas é sofrer o mal que infringimos ao próximo. O ensinamento fica marcado mais profundamente e nos fortalecemos para evitar a reincidência. Por isso, enquanto ainda criaturas renitentes no mal, somos compelidos a experimentar situações similares àquelas que provocamos contra alguém, dessa forma aprendendo a agir sempre para o bem.

Assim, nesta ou em outras vidas, o rico usurário e déspota se sujeitará à miséria e à humilhação, para que perceba a fragilidade dos bens materiais e dos poderes humanos e passe a usar esses recursos com equilíbrio e em favor da coletividade; a pessoa ríspida e intratável amargará o abandono, assim descobrindo a necessidade de respeito e amabilidade para com o próximo; aquele que maltratou o próprio corpo ou de outrem será debilitado ou deformado, para que valorize a vida e a saúde como dádivas para o nosso aperfeiçoamento.

O mesmo se dá no capítulo das mortes coletivas. Por um mecanismo da lei de justiça, cuja intimidade ainda não se compreende perfeitamente, determinadas pessoas necessitadas de passar por assemelhada experiência dolorosa reúnem-se num mesmo local, no mesmo horário, e, então, juntas, envolvem-se em triste acontecimento, perdendo a vida ou ficando feridas ou mutiladas.

Sofrem, certamente, as consequências dos delitos que perpetraram contra a vida ou a saúde do próximo em outras reencarnações, num mesmo episódio ou em vários. No início do século XX, em Niterói, um circo pegou fogo e diversas pessoas morreram queimadas. Posteriormente, a espiritualidade informou que as vítimas do incêndio tinham participado do sacrifício de milhares de cristãos numa homenagem ao imperador romano, na cidade de Lyon (França), no ano de 177 (Humberto de Campos, FCX, *Cartas e crônicas*).

Interessante observar que certas pessoas são afastadas dos locais dos acidentes por um ou outro motivo banal, por exemplo, a pessoa que dorme até mais tarde e perde o avião que vem a cair. Também aparentemente inexplicáveis são os casos de um ou alguns que sobrevivem a catástrofes terríveis. Muitas vezes, isso ocorre por atuação de mentores espirituais, evitando a morte dos seus pupilos naquele instante, porque ainda não lhes chegara a hora. No entanto, a experiência é sempre importante, porque, quase sempre, quem se livra da morte acaba valorizando mais a vida.

De qualquer maneira, tanto faz morrermos sozinhos ou acompanhados. O importante é nos prepararmos para uma "boa morte", que significa chegarmos do outro lado com a consciência tranquila, com a mala cheia de boas obras e com muitos amigos.

Capítulo 47

PERDÃO

Como é possível perdoar o inimigo, como recomendado por Jesus?

Antes de Jesus imperava entre os judeus a lei do olho por olho, dente por dente. Os crimes e pecados eram punidos na mesma moeda e a vítima tinha direitos pessoais contra o seu agressor. Já era um avanço em relação aos excessos anteriores, pois por uma ovelha furtada matava-se o ladrão ou até sua família. Apesar disso, o Deus apresentado por Moisés ainda se parece mais com alguém cruel e vingativo.

Jesus Cristo nos fala de um Deus que é amor e nos ensina que os inimigos não são seres diferentes de nós, mas nossos irmãos; que todos estamos em aprendizado, buscando a felicidade e a paz, que só serão alcançadas quando houver fraternidade e solidariedade universais.

Obrigatoriamente vivendo em sociedade, uma vez que é impossível ao indivíduo sobreviver e progredir sozinho, suas atitudes infelizes afetam o semelhante, o qual, por sua vez, a elas reage. Se este procura vingar eventual ofensa, como costuma acontecer, entra-se num círculo vicioso de mútuas agressões e o clima passa a ser de incessante apreensão, ódio e medo decorrente do estado de guerra, que, aliado às perdas humanas e materiais, acarreta desgaste emocional e cansaço.

Via de regra, só depois de muito sofrimento reconhecemos a inutilidade do desforço e movimentamos tratativas ao restabelecimento da paz, para o que são imprescindíveis o perdão e o esquecimento das ofensas.

Jesus recomenda que devemos perdoar setenta vezes sete vezes, o que quer dizer que devemos perdoar sempre. Somos ainda criaturas distantes da perfeição e amiúde estamos errando e querendo ser perdoados. Em sendo assim, precisamos igualmente perdoar sem limites, pois é da regra divina que devemos agir para com o próximo da maneira como queremos que ele aja para conosco.

Se mais facilmente somos capazes de perdoar os deslizes dos amigos, é difícil estender o perdão aos inimigos, em especial quando a ofensa é grave. Como dar a mão a quem pode nos apunhalar pelas costas? Como conviver com alguém pelo qual não temos a menor simpatia?

Ensina a doutrina espírita que perdoar o inimigo não quer dizer devamos repartir com ele o mesmo teto, porque seria forçar a lei de afinidades. Significa que não devemos ter contra ele desejos de vingança; não guardar ódio, rancor ou mágoa pela ofensa recebida; não lhe desejar qualquer mal e, se procurados, ajudá-lo em suas necessidades. Evidentemente que isso não implica em nos entregarmos ao lobo como frágeis cordeiros, sendo lícito que nos valhamos do direito da justa e comedida defesa, pois do contrário estaríamos alimentando as forças do mal.

Devemos compreender também que a maldade é apenas um estado passageiro do ser humano e que, ainda que demore, a essência do amor que existe em nossos corações irá florescer. Aquele que hoje é o nosso inimigo, amanhã certamente se tornará nosso amigo, porque esse é o nosso destino. Na madureza espiritual, as desavenças de hoje serão lembradas como brigas de crianças e somente lamentaremos o tempo perdido.

O perdão, pois, é ingrediente indispensável a um relacionamento harmônico e pacífico. Quando ofendermos, sejamos humildes o bastante para pedir desculpas; e quando ofendidos, estendamos o perdão, ainda que não solicitado, seguindo com a consciência em paz pelo caminho, na certeza de que somente assim encontraremos o perdão divino.

Capítulo 48

EUTANÁSIA

É LÍCITO PERANTE DEUS A EUTANÁSIA?

EUTANÁSIA SIGNIFICA MORTE serena, sem sofrimento. Tem sido realizada mediante a aplicação de substâncias que, sem dor, abreviam a vida de doentes terminais, incuráveis; ou, então, pela retirada dos aparelhos que mantêm o corpo vivo.

A legislação penal brasileira a proíbe, considerando-a crime de homicídio, mas em alguns países tem sido autorizada pelos tribunais ou mesmo por leis. As religiões igualmente combatem a eutanásia e o argumento forte é o de que, sendo Deus a fonte da vida, somente Ele pode tirá-la.

Os médicos em geral são contrários a essa prática,

porquanto entendem que sua missão é a de salvar vidas, a todo custo, e não a de exterminá-las. Mas, vez por outra, se tem notícia de médicos ou enfermeiros que usaram desse expediente às escondidas, espontaneamente ou a pedido do doente ou de seus familiares. Acham esses profissionais que estão praticando ato meritório, já que, não havendo mesmo salvação, a morte acaba com o sofrimento desnecessário do doente e até de seus parentes, que muitas vezes não têm condições financeiras de mantê-lo vivo.

O espiritismo não admite a eutanásia e apresenta os seus argumentos, que aqui tentaremos resumir.

Deus realmente é a fonte da vida. Por mais que a ciência humana progrida, não conseguirá que a vida se estabeleça sem as condições já predeterminadas pela natureza, que é a manifestação do Criador. Em decorrência, sempre que abortamos o fluxo natural da vida, estamos infringindo as leis divinas, perturbando a harmonia universal, e com isso sofrendo as consequências do ato. Esse pensamento aplica-se não só à eutanásia, mas também ao aborto, ao homicídio e ao suicídio.

Enganam-se, os defensores da eutanásia, quanto à morte. Uns são meros ignorantes da realidade espiritual e outros são materialistas, que não admitem nada além do que os seus olhos veem e seus aparelhos detectam. Imaginam todos que matando o corpo acabam com o sofrimento do doente. No entanto, o sofrimento corporal muitas vezes é menor do que o sofrimento moral que o doente experimenta. O corpo, conquanto importante, não passa de um instrumento para a nossa manifestação aqui na Terra. A morte desorganiza apenas os elementos orgânicos, mas a alma, que é imortal, permanece viva e individualizada, carregando consigo as mesmas mazelas e virtudes que a identificam.

É preciso, pois, meditar mais sobre o sofrimento humano, deixando de entendê-lo como um castigo de Deus aos pecadores, mas como um remédio que devemos sorver para a cura da nossa alma, não obstante possa ser ele amargo. Deus é amor e justiça perfeitos, de modo que só permite que aconteça aos seres humanos – Seus filhos – o que é necessário ao seu crescimento moral e intelectual.

Para a trajetória espiritual da alma, todo instante que ela consiga passar aqui na Terra é importante. Quando preso ao leito, com males incuráveis e dores insuportáveis, o espírito tem a oportunidade de repensar a sua vida, seus atos; avaliar o que fez de certo ou errado; meditar sobre a nossa pequenez e fragilidade; adquirir paciência, resignação e humildade. E mesmo quando em estado comatoso, pode igualmente aprender com a dura experiência.

Pelas leis de solidariedade e fraternidade, podemos e devemos usar todos os recursos ao nosso alcance para minorar a dor e a angústia do doente, mas encurtar o seu tempo de vida, em verdade, é para ele um prejuízo. Diante disso, entreguemos a Deus o momento de nos chamar de volta à espiritualidade, porque Ele, melhor do que ninguém, sabe das nossas necessidades.

Capítulo 49

DOAÇÃO DE ÓRGÃOS – CREMAÇÃO

QUAIS AS CONSEQUÊNCIAS PARA A ALMA DA PESSOA QUE DOA OS SEUS ÓRGÃOS OU CUJO CORPO É CREMADO?

O CORPO É um instrumento bendito que Deus nos concedeu para que pudéssemos renascer na Terra e aqui, enfrentando as dificuldades naturais da vida material, aprimorar os nossos conhecimentos e sentimentos. Diante de sua grande importância, cabe-nos manter a integridade desse maravilhoso patrimônio, conservando a vitalidade que lhe é própria.

Fomos dotados do instinto de preservação, uma defesa automática que nos faz evitar situações de perigo à nossa integridade e nos leva a buscar os meios necessários à sua manutenção. Por isso temos reflexos defensivos contra eventuais ataques à nossa pessoa; o medo impede-nos atitudes para as quais não estamos preparados e que coloquem em risco a nossa vida; e as dores nos levam a buscar soluções para a fome, o frio e os males físicos.

Porém, mais importante do que o corpo humano, é a alma. Porque a alma somos nós mesmos, a individualidade que pensa e sente; que é imaterial e imortal, portanto sobrevivente à destruição do corpo de carne. Assim como a roupa estragada não serve mais ao indivíduo, igualmente o corpo morto é imprestável à alma. Quanto mais somos apegados às coisas materiais, mais valor damos a elas e mais falta sentiremos delas após a desencarnação. O contrário é verdadeiro: Quanto mais valorizamos a alma, menos sofreremos com a perda das coisas materiais depois da morte do corpo.

Em qualquer caso, a doação dos nossos órgãos será sempre um ato que nos beneficiará. Fazendo o bem ao próximo, por exemplo, livrando-o da cegueira, dos processos dolorosos da hemodiálise ou de um fraco coração, atraímos a misericórdia divina e a simpatia dos bons espíritos, que intercedem em nosso favor, amenizando o nosso próprio sofrimento no retorno à espiritualidade. Nenhuma consequência negativa há para o espírito, porquanto este não sofrerá com a retirada do órgão, a qual não atingirá o corpo espiritual. Isso mesmo quando a pessoa não fez em vida doação voluntária. E se o doador é alguém apegado ao seu corpo, a extração de um órgão será fato menor ante a perda da vida, até porque, muitas vezes, o espírito nem percebe ou então não compreende o que está acontecendo. Só mesmo um espírito muito rebelde e vingativo poderá se revoltar contra aquele que recebeu algum órgão do corpo morto, mas o beneficiado não será atingido se cultivar sentimentos elevados.

Na hipótese de cremação, que nenhum benefício trará a ninguém, a questão merece ser analisada apenas quanto ao espírito mais materializado. É que, embora tenha ocorrido a morte, esse espírito não se desliga imediatamente do corpo, permanecendo a ele ligado até que se rompam todos os laços perispirituais. Enquanto isso não ocorre, é possível que as sensações do corpo material repercutam no corpo espiritual e o espírito sinta parcialmente a destruição das células, acarretando-lhe muito sofrimento, conquanto ele, espírito, não esteja sendo efetivamente queimado. Em havendo proposta de cremação, recomenda a espiritualidade que se aguarde pelo menos 72 horas para a sua realização, tempo que permitirá o desligamento do espírito.

Valorizemos o corpo, mas acima de tudo valorizemos a alma, enobrecendo os sentimentos pelas boas obras, adquirindo inteligência e a empregando com sabedoria, para que assim melhorados possamos tranquilamente nos libertar da matéria, retornando à espiritualidade equilibrados e resplandecendo luz.

Capítulo 50

DETERMINISMO

Existe o determinismo? Por exemplo, temos um dia certo para morrer?

Nada foge ao controle divino, que tudo sabe e tudo coordena com muita sabedoria e amor. Mesmo quando só se vê desgraça no mundo e os preságios quanto ao futuro são desanimadores, ainda assim o mal está sob as rédeas do poder soberano. A ação de Deus se processa por leis justas e imutáveis, que regem a natureza e os homens, de forma inexorável.

Não significa, porém, que a ação individual das criaturas e os acontecimentos da vida estejam todos marcados. Admitir-se o determinismo absoluto seria imaginarmos as criaturas como peças de um jogo nas mãos de

Deus, e com as jogadas já totalmente conhecidas e a se repetirem indefinidamente pela eternidade. Certamente, haveria de ser um passatempo por demais enfadonho.

Em verdade, Deus quis que fôssemos participantes diretos do jogo da vida e assim responsáveis pela conquista da nossa própria felicidade. Concedeu-nos Ele o livre-arbítrio, a faculdade de escolher a nossa trajetória ascensional; de decidir por qual estrada queremos palmilhar e a velocidade do passo.

A nossa reencarnação aqui na Terra se faz mediante uma programação, que não é rígida e nem detalhista, e que ocorre, via de regra, sob orientação de espíritos sábios e bondosos. Levando-se em conta as nossas necessidades de crescimento moral e intelectual, é estabelecido o país onde deveremos reencarnar; a família que nos receberá e o corpo que teremos; a profissão que seguiremos e o padrão de vida; igualmente se define questões relativas a casamentos e filhos; e por fim, o gênero da morte.

Dependendo de nossa evolução, temos menor ou maior liberdade de escolher as situações que desejamos vivenciar. Essa liberdade será sempre limitada pelas consequências dos erros cometidos em vidas passadas. É que, se a semeadura é livre, a colheita é obrigatória. Por isso, necessariamente, teremos de nos submeter a alguns acontecimentos, normalmente dolorosos. Cada infração cometida implica em restrição da nossa liberdade de decidir o nosso futuro. Fácil concluir, portanto, que a prática constante do bem é que nos proporcionará a libertação. Foi nesse sentido o ensinamento de Jesus quando disse: "Conhecereis a verdade e a verdade vos fará livre" (João, 8:32).

Muitas vezes, porém, após o nascimento, envolvidos pelas dificuldades e pelos prazeres mundanos, deixamos que o nosso lado inferior fale mais alto e nos desviamos do caminho, fazendo tudo ao contrário do que foi programado. Exemplificando: é possível que alguém tenha estabelecido viver na Terra por 80 anos, mas, frustrado e desesperado por causa de problemas financeiros, acabe se entregando ao suicídio, o que lhe acarretará sofrimentos inexprimíveis e o recomeço da caminhada em próximas reencarnações. Mas também pode acontecer de ter programado uma vida curta com morte dolorosa, e conseguir uma moratória e uma morte suave graças ao seu esforço na renovação moral e na prática da caridade.

Diante disso, convém que estejamos ligados a Deus, abertos à inspiração superior, para que, fazendo a vontade d'Ele e tudo aquilo que nos está reservado nesta vida, não tenhamos que repetir lições, reparar danos, dessa maneira retardando o momento da nossa felicidade.

Capítulo 51

EVANGELHO - INTERPRETAÇÃO

QUAL O SENTIDO DA PALAVRA DE JESUS QUANDO ELE DISSE: "EU NÃO VIM TRAZER A PAZ, MAS A ESPADA?"

QUALQUER ENSINAMENTO DE um todo filosófico não pode ser interpretado restritivamente, ao pé da letra. É preciso inseri-lo no contexto e verificar se está em harmonia com o sistema proposto. Cristo passou pela Terra pregando o amor a Deus e ao próximo, o perdão irrestrito, a compreensão, o respeito às leis. Acima de tudo exemplificou, agindo conforme ensinava e assim demonstrando que a lei de Deus é praticável.

Se assim ensinou e fez, não se pode imaginar que ele quisesse que os homens lançassem mão da espada contra o seu semelhante. Aliás, tendo Pedro cortado a orelha do servo Malco, que participava da prisão de Jesus, este cura a ferida e manda que o apóstolo guarde a arma, afirmando que todos que usarem da espada pela espada perecerão.

O ser humano, porém, nem sempre busca a verdade da lei, interpretando-a segundo os seus interesses pessoais. Foi por isso que, nos séculos posteriores, a Igreja Romana encontrou no Evangelho justificativas para as cruzadas contra os hereges; para a retomada sangrenta de pedaços de terra que considerava santos; para a prisão, torturas e mortes de não-cristãos, nos processos ignominiosos da malfadada inquisição. E é por essa razão que ainda existem conflitos violentos entre cristãos, protestantes e muçulmanos, sem se falar de perseguições discriminatórias, ataques verbais e reproches contra aqueles que não comungam o mesmo sentimento religioso.

Ao dizer que não vinha trazer a paz, mas a espada, Jesus se referia aos conflitos que naturalmente decorrem da implantação de uma nova ideia, cujos princípios se contrapõem a um modo de vida já estabelecido. Em geral, o ser humano reluta em mudar, em aceitar conceitos novos, por orgulho ou comodismo, e muitas vezes porque isso implica em abandonar pensamentos assimilados e vivenciados durante uma existência toda. Assim é não só no campo da religião, mas também no da filosofia e das ciências.

O estabelecimento do progresso implica em atualização do que seja ultrapassado, no desfazimento de enganos e, muitas vezes, na destruição total de coisas e conceitos que perderam a razão de ser diante de novos conhecimentos.

Jesus sabia que a sua Boa-Nova iria provocar uma revolução pessoal e interpessoal. O ser humano teria que lutar contra a sua própria maneira de pensar e de agir, mas de outro lado encontraria a oposição dos incrédulos, inclusive dentro da família. Em nenhum momento, porém, ele recomendou que as suas ideias fossem pregadas ou defendidas a golpes de espada; pelo contrário, insistiu no exercício do amor e da caridade, do perdão e da resignação.

A intolerância religiosa, extremada pela violência, que se viu depois do Cristo e ainda infelizmente se vê, é proveniente do indivíduo e não dele, cuja doutrina permanece íntegra e boa, aguardando que possamos compreendê-la e vivê-la em espírito e verdade.

Capítulo 52

CARTOMANTES - VIDENTES

PODE-SE ACREDITAR NAS CARTOMANTES OU EM PESSOAS QUE DIZEM PENETRAR NO PASSADO E NO FUTURO?

NÃO É DE agora que se busca na *buena dicha* saber da sorte. Imaginam alguns insatisfeitos com a vida e ansiosos pela felicidade que o conhecimento do porvir pode ser a salvação. Quantos, nem que por simples curiosidade ou brincadeira, já não permitiram que alguém lesse suas mãos, as cartas, os búzios, desejando saber se seriam felizes no amor, se teriam filhos, ou vida longa! Ou então não pararam para dar uma olhada no horóscopo para saber as previsões para seu signo!

De fato, existem pessoas portadoras de dons que lhes permitem penetrar no passado das criaturas, relatando pormenores muitas vezes somente por elas conhecidos, e capazes ainda de desvendar o futuro, que se concretiza tal como predito. Essas pessoas, ao longo do tempo, foram chamadas de pítons, magos, bruxos, santos e, mais recentemente, de sensitivos, paranormais, videntes ou médiuns.

De alguma forma e em algum lugar, possivelmente em nossas próprias consciências e no éter cósmico, existem registros dos acontecimentos individuais e coletivos, aos quais se pode ter acesso em condições especiais. A doutrina espírita nos explica que o poder do vidente está na sua essência espiritual, e não nas cartas, nas pedras ou em quaisquer outros objetos, que servem apenas de referencial para a fixação mental, necessária ao fenômeno.

Os sensitivos sérios e honestos normalmente não gostam de usar sua faculdade. Sabem que esta lhes foi dada com um fim útil e que as revelações devem ser feitas com muito cuidado, somente quando podem de alguma forma ajudar o próximo na solução dos problemas que inquietam a alma. Nessas oportunidades, são assistidos por espíritos superiores, que os ajudam a alcançar as informações pretéritas ou vindouras, orientando-os quando da revelação.

Outros há, porém, que utilizam desse dom para satisfazer seus interesses, principalmente os econômicos. Montam banca, anunciam seus feitos em jornais e atraem grande público de crentes. Mas porque desviados do bom caminho, são assistidos por espíritos de natureza inferior e, assim, não conseguem clima propício para as "adivinhações". Acertam alguma coisa do que falam, mas na maioria se enganam, frustrando os clientes e piorando suas situações.

E amiúde são encontrados os charlatões, os falsos videntes, que nenhum poder possuem. Aprenderam a arte de enganar, usam truques, aproveitam-se da ingenuidade das pessoas, tomam o seu dinheiro e somem da cidade. São estelionatários que, quando descobertos, acabam sendo condenados pela Justiça.

Resistamos ao desejo de buscar o futuro. Na maioria das vezes, o conhecimento dele em nada nos ajudará. Ou nos deixará mais preocupados, se não for bom o que nos está reservado, ou ficaremos muito ansiosos aguardando o bem que virá.

Conforme temos aprendido, o melhor mesmo é viver bem o nosso presente, fazendo boas obras, ajudando o próximo, estudando e vivenciando as leis de Deus, porque assim estaremos, com certeza, preparando para nós um futuro de muita felicidade.

Capítulo 53

NATALIDADE - CONTROLE

É JUSTO O CONTROLE DA NATALIDADE?

UMA DAS GRANDES preocupações do ser humano é a superlotação do nosso planeta e a escassez de recursos necessários à manutenção da vida. Teme-se pela falta de água potável, pela inexistência de solo fértil para a produção de alimentos e até mesmo pela carência de emprego para os milhares de pessoas que nascem todos os dias.

A par da procura de técnicas mais produtivas e da busca de morada alternativa até no espaço cósmico, implementam-se métodos anticonceptivos e programas governamentais de controle da natalidade. Casais são orientados quanto ao uso de pílulas, preservativos e outros procedimentos que impedem a fecundação do óvulo, e conscientizados da necessidade de limitação da prole. Alguns países chegam a ser drásticos nesse controle, principalmente a China, que procura evitar o crescimento de sua população de mais de um bilhão de pessoas.

Há, porém, o reverso da moeda. Países europeus apresentam crescimento populacional negativo, ou seja, nasce menos gente do que morre. Tornaram-se países de velhos e aposentados sustentados por uma minoria adulta que trabalha, justamente porque os casais poucos filhos têm. O medo, nesse caso, é o da extinção do povo por falta de gente.

Diz a doutrina espírita que não devemos temer a superpopulação. Deus, que a tudo criou, zela para que em a natureza seja mantido o perfeito equilíbrio. O planeta possui terra bastante para alimentar todos os seus habitantes. Basta que as pessoas sejam mais fraternas e solidárias, dividindo com os semelhantes de outros países os excessos de sua produção, sem a ganância lucrativa, e haverá alimentos para todos.

Ademais, naturalmente as nações se renovam: as calamidades, os terremotos, furacões, epidemias e guerras de quando em quando retiram da crosta grandes levas de seres humanos, o que diminui o índice populacional. Evidentemente que isso não é imposto por Deus para equilibrar o número de habitantes da Terra, mas como tudo na lei Divina se harmoniza com sabedoria, cada acontecimento é aproveitado para o progresso individual e coletivo das criaturas.

No campo pessoal, precisamos pensar no controle da natalidade com muito cuidado. O crescer e multiplicar não é simplesmente necessidade de perpetuar a espécie. É um imperativo de solidariedade, porque pelas portas da reencarnação damos oportunidades para que outros espíritos também venham à Terra progredir. Alguns espíritos são ligados a nós por laços de amor e tornam-se companheiros de jornada, amparando-nos em nossas lutas, em especial na velhice. Mas também podem ser nossos inimigos, nascendo entre nós para que o ódio se converta em simpatia e afeto, devolvendo-nos a paz de consciência.

Não significa que devemos procriar sem critérios e sem responsabilidade. Em sendo sinceros nos nossos propósitos e estando ligados a Deus, temos intimamente a intuição do número de filhos que deveremos abrigar sob nosso lar. Um pouco de bom-senso, e considerando as nossas possibilidades pessoais e mesmo financeiras, seremos capazes de decidir quanto à oportunidade de uma gestação. Evitando filhos por puro egoísmo ou para dar vazão indiscriminada à nossa sensualidade, estaremos infringindo a lei de Deus e construindo um futuro de dolorosas experiências no campo afetivo e genésico, inclusive com a impossibilidade de gerar filhos em futuras reencarnações.

Capítulo 54

GENIALIDADE E DEFICIÊNCIA MENTAL – GENÉTICA

A GENIALIDADE OU A DEFICIÊNCIA MENTAL SÃO HERANÇAS GENÉTICAS?

A CIÊNCIA HUMANA tem avançado cada vez mais nas pesquisas genéticas. Os genes, instalados nos cromossomos, são códigos biológicos que determinam as características físicas do ser e inclusive certas predisposições orgânicas. O pai e a mãe contribuem definitivamente para a formação do corpo do filho, a qual obedecerá ao conjunto dos genes presentes no espermatozoide e no óvulo. Atualmente, a meta dos geneticistas é conseguir manipular os genes que indicam defeitos ou doenças, a fim de evitá-los. Alguns cientistas mais arrebatados sonham com a possibilidade de alteração do sexo, quando ele ainda não está definido no feto, cujas implicações não iremos apontar aqui.

A ciência é um instrumento de progresso do ser humano e todas as descobertas devem ser utilizadas para o bem. Aquelas que permanecem é porque representam a lei natural e, portanto, contam com a aprovação de Deus. Ao ser humano compete usar a razão e o bom-senso para decidir sobre a correta aplicação das revelações, para que o mau uso não lhe acarrete sofrimento.

Acreditam os materialistas que genialidade ou deficiência mental nada mais são do que a casualidade genética, ou seja: o gênio deu sorte de atrair genes de intelectual superior; o louco, por sua vez, teve o azar de herdar genes que determinaram a formação de um cérebro defeituoso. Outros alegam que fatores exteriores, como a educação e a nutrição, também são determinantes.

A doutrina espírita ensina que o nosso destino não está entregue a uma máquina de prêmios, em que a nossa felicidade e infelicidade dependem de um simples apertar de botão. Assim como o Universo infinito está sujeito a leis físicas perfeitas, indicando uma causa inteligente e suprema (Deus), igualmente as nossas vidas se subordinam a leis morais imutáveis.

Não somos apenas um amontoado de células sob o comando de células mais aprimoradas (os neurônios), fadados ao nada, ao pó. Somos espíritos imortais, momentaneamente reencarnados num corpo físico, que nos foi possibilitado pelos nossos pais. O espírito, no entanto, é individualizado e procede unicamente de Deus. Criados há muito tempo, somos hoje o somatório das experiências adquiridas em diversas vidas passadas.

Convocado ao renascimento, sempre para adquirir evolução, o espírito (precisamente o perispírito) será para o novo corpo o molde. Sendo o espírito evoluído, atrairá gametas contendo os genes mais propícios ao desenvolvimento de sua tarefa, o que lhe permitirá manifestar no corpo suas potencialidades, tanto quanto a matéria e o meio social possam permitir. Mas se espírito em débito com as leis divinas, imprimirá no corpo o desequilíbrio que lhe é próprio, deformando órgãos ou membros, o que poderá ser eventualmente atenuado com os recursos terapêuticos modernos, se isso lhe for benéfico espiritualmente. Aí encontramos a explicação para o gênio e o deficiente mental de nascimento; tudo conforme a lei de causa e efeito.

Para Deus não há privilegiados e nem excluídos. Somos tratados por Ele com igualdade e a cada um é dado consoante os seus merecimentos e necessidades. Essa a conclusão mais compatível com o senso de justiça. Do contrário, como entender as diferenças pessoais e intelectuais entre os filhos de um mesmo casal, se a base genética é a mesma? É bem verdade que, às vezes, encontramos muita semelhança de personalidade ou mesmo de problemas físicos entre pais e filhos, mas nesses casos vige a lei da simpatia entre os espíritos, que se atraem pela semelhança de suas tendências, sentimentos e necessidades de reajuste.

Capítulo 55

ESPÍRITOS – SEXO

Os espíritos têm sexo?

COM A DOUTRINA espírita foi possível saber que a vida espiritual é uma vida normal, organizada, apenas que em uma dimensão invisível aos nossos olhos. Natural, pois, que indaguemos sobre os detalhes desse mundo, já que é de onde viemos e para onde obrigatoriamente retornaremos.

Incluem-se, dentre as muitas questões interessantes, as relativas à sexualidade dos espíritos. Continuaremos sendo homem ou mulher depois da morte? É possível os relacionamentos sexuais entre eles? Há procriação?

Necessário esclarecer, de início, que sexualidade

é um atributo dos seres, é força criadora inerente à alma. Evolui desde a manifestação mais grosseira do contato dos órgãos físicos exteriores até os pensamentos amorosos mais sublimados.

Os espíritos, em essência, não são dotados de um sexo específico, não são criados para serem definitivamente machos ou fêmeas. São portadores de uma carga de forças que podem ser ativas ou passivas e estas, em princípio, determinam a caminhada evolutiva em corpos materiais masculinos ou femininos, respectivamente.

No entanto, a necessidade de conquistar valores e sentimentos mais amplos não raro conduz o espírito a reencarnar em corpos opostos à sua trajetória principal, sem que isso implique em maiores problemas de adaptação. Assim, por exemplo, determinado espírito masculino pode desejar reencarnar como mulher para adquirir experiências e sentimentos próprios da maternidade. E o espírito feminino, em regra mais delicado, pode por sua vez reencarnar como homem a fim de adquirir força e determinação. Há, porém, as inversões compulsórias, para reeducação daqueles que abusaram da sexualidade, mas é assunto para outra oportunidade.

Após a desencarnação podemos manter a nossa forma atual ou recobrarmos a aparência de outras vidas, porque o corpo espiritual (perispírito) é maleável. A ocorrência, porém, depende de vários fatores: maior ou menor evolução espiritual, vontade do espírito, recordação do passado, conveniência da medida, identidade espiritual, de modo que não se trata de um processo simples e corriqueiro.

Enquanto somos ainda imperfeitos, o nosso perispírito guarda a morfologia semelhante à humana, inclusive no que diz respeito aos órgãos sexuais. Inexiste, porém, a função sexual de procriação, necessária e útil apenas aqui na Terra para a formação de novos corpos materiais e possibilitar a reencarnação.

Em regiões superiores não há relacionamento sexual pelo contato dos órgãos, mas a permuta das forças sexuais continua existindo, representada, às vezes, pela permanente convivência e trabalho em comum das almas afins, e, outras vezes, por olhares de ternura, beijos, abraços ou toques carinhosos.

Mas nos planos inferiores, mais próximos da crosta terrena, os espíritos sensuais ainda saciam as suas necessidades nos conúbios com outros espíritos ou até mesmo com encarnados, durante o sono ou na vigília, quando estes últimos fogem do sexo nobre para a promiscuidade.

Para os espíritos elevados, a força sexual sublimou-se, convertendo-se em fonte da eterna felicidade e do verdadeiro amor, aquele que confia, liberta e renuncia. Já na inferioridade, a força sexual está canalizada para a satisfação do instinto, revelando mais um sentimento de posse, porque escraviza, oprime e magoa.

Importante, pois, desde agora, analisarmos como temos conduzido as nossas forças genésicas, a fim de que sejam aproveitadas plenamente em nosso benefício e daqueles que amamos.

Capítulo 56

FILHOS PROBLEMÁTICOS

COMO DEVEM SER ENCARADOS OS FILHOS PROBLEMÁTICOS?

PRECISAMOS CONSIDERAR, PRIMEIRAMENTE, que cada filho que nasce é uma alma que já viveu diversas outras vidas e está reencarnando na Terra para continuar o seu progresso. Só o corpo é novo, criado graças à contribuição biológica dos pais; ele é simples instrumento do qual se vale o espírito para manifestar-se na matéria, como o mergulhador usa o escafandro para descer às profundezas dos mares.

Ao nascer, o espírito perde temporariamente a lembrança do passado, para que os fatos e relacionamentos já vividos, em especial os dolorosos, não atrapalhem o objetivo a que ele se propõe na vida atual. Não obstante, traz consigo, mais ou menos afloradas, tendências e inclinações, as quais são indicadores da sua maior ou menor condição evolutiva, e a análise das mesmas pode contribuir para o crescimento pessoal.

Essas tendências, muitas vezes, já se manifestam desde a tenra idade e identificam caracteres dóceis ou rebeldes, egoístas ou generosos, malvados ou bondosos. Os pais zelosos devem observar atentamente as atitudes dos filhos. Aos que são bons é preciso proporcionar todos os recursos ao desenvolvimento de suas capacidades, sem o protecionismo ou a exaltação do ego que os possam perder. Aos revoltados, de outro lado, é necessário oferecer também a disciplina e a energia equilibradas pelo amor, a fim de que se corrijam, conquistando virtudes.

Por essa razão, certas peraltices da infância nem sempre são "coisas de criança", passageiras, a serem aceitas com risos e incentivos. Podem ser a manifestação da personalidade deturpada da alma, a requisitar dos pais acompanhamento e medidas saneadoras, sugerindo-se diálogos francos e esclarecedores, restrição de benefícios pessoais, como forma de conscientização do erro, e encaminhamentos psicológicos ou psiquiátricos. Imprescindível, igualmente, que a criança seja levada a crer em Deus e nas Suas leis, comungando com Ele pela religião e pelo pensamento.

Crescendo sem a efetiva presença e orientação dos pais, a criança-problema transforma-se, via de regra, em um jovem mais problemático ainda. A adolescência é a fase em que o espírito se assenhoreia por completo do corpo, manifestando-se tal como é no seu íntimo. As más inclinações ficam acentuadas e, agora com maior liberdade de ação, o jovem dá vazão aos seus desejos e pretensões, criando situações que fogem ao controle dos pais, que já não podem mais com a sua "criança".

Desrespeito aos pais, inclusive com o uso de palavrões; total indisciplina dentro do lar, especialmente quanto ao cumprimento de horários; uso e abuso de cigarros, bebidas alcoólicas e até mesmo de drogas; desinteresse pelo estudo e pelo trabalho; e iniciação precoce no sexo, são os desvios de conduta mais comuns da juventude moderna.

Necessário, ante a adolescência conturbada, que os pais redobrem a paciência, participem mais intensamente da vida dos filhos, conversem com eles com sinceridade e firmeza, procurando demonstrar nas palavras e atitudes o amor que lhes devotam. Em não conseguindo sucesso, outro remédio não há senão o de orar por eles, deixando que aprendam com a vida, conquanto isso possa ferir de morte o coração.

Possível perceber, pois, que o bom encaminhamento dos filhos depende de um esforço contínuo dos pais desde a primeira infância, moldando-lhes a alma. Lembremos, porém, que o exemplo tem mais força que as palavras, razão pela qual é necessário que sejamos nós os primeiros a fazer aquilo que queremos que os nossos filhos façam.

Capítulo 57

ESPÍRITOS – APARIÇÕES

OS ESPÍRITOS PODEM APARECER PARA OS VIVOS?

OS ESPÍRITOS NADA mais são do que nós mesmos depois da morte do corpo carnal. Permanecem individualizados graças a outro corpo mais fluídico denominado perispírito, não perceptível diretamente pelos nossos cinco sentidos humanos. Embora em outro estado, a substância que reveste o espírito continua sendo matéria. Em algumas circunstâncias especiais, os espíritos podem aparecer para nós e o fazem pela sua vontade, agrupando as moléculas perispirituais com o auxílio de fluidos especiais e mesmo dos encarnados.

O fenômeno nada tem de sobrenatural e inclui-se

dentro da física e da química, ciências que de há muito estudam os diversos estados da matéria. Haveria, no caso, uma espécie de condensação, como a que ocorre quando as moléculas de água existentes no ar (que também são invisíveis) se liquefazem em decorrência da baixa temperatura.

Os espíritos podem graduar a intensidade da condensação de modo a se tornarem visíveis apenas para uma pessoa ou então a todas as pessoas presentes num determinado local. Foi isso o que aconteceu nas diversas aparições de Jesus após a crucificação, quando o Mestre se mostrou a Madalena no terceiro dia e posteriormente aos apóstolos. E inúmeras são as narrativas sobre a aparição de mortos, em livros, jornais e televisão. Não raro, ouvimos pessoas amedrontadas contando do encontro com amigos ou familiares que já morreram.

É possível, pois, especificarmos situações diferentes relacionadas com a aparição dos espíritos.

Num grau de menor condensação, os espíritos se fazem visíveis a pessoas mais sensíveis, as quais a doutrina espírita denominou médiuns videntes. Nesse caso, somente as pessoas dotadas dessa mediunidade é que podem vê-los.

Intensificando a vibração, os espíritos podem se deixar ver por várias pessoas, sem que estas precisem ter mediunidade. Num grau maior, os espíritos adquirem a tangibilidade, ou seja, podem ser tocados, como aconteceu com Jesus quando falou a Tomé para pôr o dedo nas marcas das suas feridas. Nessa condição, o espírito pode inclusive agir como se fosse um encarnado.

Há também a materialização, que é um fenômeno mediúnico provocado. Determinado médium de efeitos físicos fornece uma substância chamada ectoplasma, de natureza fluídica e maleável, expelida do corpo pelos orifícios superiores, a qual é utilizada pelo espírito para modelar o seu perispírito, tornando-o tangível. Disso existem provas materiais, consistentes de peças moldadas em parafina e muitas fotografias tiradas em experiências realizadas com rigor por pessoas sérias e idôneas.

Necessário ressaltar que, seja na aparição ou na materialização, o espírito pode mostrar-se por inteiro ou apenas parcialmente, só a cabeça por exemplo. E ainda que a aparição pode ser rápida como um flash ou mais prolongada, dependendo de sua vontade, mas nunca será definitiva.

O importante nesse tema é o nosso despertamento para a realidade espiritual, aprendendo a nos relacionar com tranquilidade com os chamados mortos, que na verdade estão mais vivos que nós.

Capítulo 58

VIDAS PASSADAS

É POSSÍVEL SABER O QUE FOMOS EM VIDAS PASSADAS?

ENSINA A DOUTRINA espírita que todas as vivências da alma, sejam elas positivas ou negativas, desta vida ou de outras vidas, não se perdem jamais. Ficam registradas na mente, em ordem cronológica, mas a alma mantém no consciente somente as lembranças que lhe são úteis; as demais permanecem no inconsciente, que é uma espécie de arquivo-morto, ao qual ela tem acesso quando necessário.

Ao reencarnar, a alma se submete a um processo de esquecimento e isso ocorre por três razões principais: a primeira, para que os erros do passado ou posições de destaque, que desencadeiam remorsos ou vaidades, não perturbem o propósito de renovação íntima; a segunda, para que o pleno conhecimento dos desafetos e dos fatos que geraram a discórdia não dificultem o reajustamento; a terceira, para que não haja repetição de certas experiências que lhe são mais agradáveis, o que retardaria o progresso, uma vez que elas já estão incorporadas.

Não obstante a perda da lembrança, trazemos conosco as tendências instintivas e ainda temos a voz da consciência a nos orientar na presente jornada. Uma análise sincera dos nossos pensamentos mais comuns, de nossos desejos principais e de nossas reações, bem como dos acontecimentos hoje vividos, permite uma ideia geral do que fomos como ser humano, do que ainda somos e do que precisamos conquistar.

Com esse conhecimento e o firme propósito de alcançar renovação interior, de conformidade com o amor e a justiça de Deus, é possível à criatura avançar no seu progresso, desenvolvendo virtudes e, consequentemente, eliminando imperfeições, sentimentos inferiores e vícios.

Não raro, porém, Deus permite a certas pessoas a lembrança de outras vidas e quando isso ocorre é sempre com um fim útil, certamente para fazê-las avançar. Essa lembrança pode ser natural, sem a barreira que normalmente o corpo oferece, o que frequentemente acontece quando a reencarnação é muito próxima da desencarnação anterior; e pode ainda ser despertada em sonhos ou mesmo através da mediunidade.

Atualmente, médicos, psicólogos e pesquisadores se utilizam da TVP – Terapia de Vivências Passadas no tratamento de pessoas com determinados traumas, levando-as a regredir mentalmente a fatos que estão a refletir na vida presente, com resultados positivos em muitos casos. Esse trabalho, de caráter científico, tem ainda a utilidade de demonstrar, de maneira irrefutável, a reencarnação.

Em qualquer das formas de recordação do passado, é possível se saber que personalidade fomos, onde e quando vivemos e o que fizemos. A mente, seja no transe hipnótico ou numa regressão espontânea, libera arquivos mentais, tal como se estivéssemos vendo um filme em que somos a personagem principal, com a diferença de que igualmente vivenciamos as emoções do fato. Não há uma volta efetiva no tempo, de modo a permitir alteração dos acontecimentos, mas simples lembrança.

Quando isso ocorre, é porque a pessoa está preparada emocionalmente para suportar a vivência do passado, cujo conhecimento lhe permitirá melhor compreender o presente, liberando-se de eventuais traumas e sentimentos ruins.

Mas é importante ressaltar que o passado não pode ser buscado por mera curiosidade e nem por leigos, porque o despreparo pode trazer consequências desastrosas, com abalos emocionais de difícil reajuste, agravando o sofrimento da pessoa.

Capítulo 59

ESPIRITISMO – MEDO

POR QUE AS PESSOAS TÊM TANTO MEDO DO ESPIRITISMO?

O MEDO TALVEZ seja o pior sentimento do ser humano. Falo do medo patológico, que impede o indivíduo de vivenciar novas situações e retarda o seu crescimento. Há um medo natural, que decorre do instinto e sugere prudência e ponderação diante de algo não experimentado, de modo a evitar desastres irremediáveis.

Uma das causas do medo é o desconhecimento da realidade. A mente fantasia sobre o fato a ser vivido, em regra imaginando-o mais complicado, difícil ou perigoso do que na verdade ele é. Lidar com um computador moderno parece complicadíssimo para algumas pessoas, coisa para os gênios; contudo, basta um pouco de paciência, estudo e exercício e logo com ele estaremos familiarizados.

Com o espiritismo ocorre o mesmo. As pessoas não se preocupam em conhecer os seus fundamentos e a sua prática. Dão crédito ao que os leigos lhes falam ou deduzem o que ele é apenas presenciando uma reunião, às vezes deturpada. Confundem-no com outras religiões ou seitas, como a umbanda, candomblé ou quimbanda, que também praticam a mediunidade (manifestação dos espíritos por um médium), mas que não possuem uma estrutura filosófica e científica.

A mediunidade em muitos lugares é usada para o mal. Médiuns interesseiros existem que realizam trabalhos espirituais voltados para a destruição, com o emprego de objetos e substâncias materiais, com rituais barulhentos e tétricos, que realmente assustam aqueles que deles participam. Isso é mediunismo sem orientação.

O espiritismo nos ensina que a mediunidade deve sempre ser dedicada ao bem geral, consoante os ensinamentos de Jesus; que seu exercício deve ser precedido de um conhecimento específico, primando pela seriedade e a simplicidade, dispensando rituais, palavras cabalísticas, imagens e substâncias materiais ou quaisquer outros aparatos.

Mas a doutrina espírita é muito mais que prática mediúnica. É principalmente pesquisa e estudo aprofundado da vida no mundo espiritual e do relacionamento dos espíritos com os encarnados, com destaques para a imortalidade da alma, a reencarnação e a lei de causa e efeito. É também proposta para uma vivência evangélica, baseada no amor ao próximo e a si mesmo, com a conquista de virtudes que nos farão melhores e mais felizes.

Os centros espíritas bem organizados possuem as características de uma escola, proporcionando aos seus adeptos o aprendizado das obras de Allan Kardec e de outros autores, encarnados ou desencarnados, compondo um acervo de mais de dois mil títulos doutrinários.

Esse conhecimento afasta o medo que se possa ter dos espíritos, pois aprende-se que eles são as almas das pessoas que retornaram ao mundo de origem pelas portas da morte, mas que nem por isso deixaram de se relacionar conosco, embora de forma invisível; que os fenômenos provocados pelos espíritos não são milagres e nem paranormais, incluindo-se nas leis naturais, o que no futuro também será reconhecido pela ciência humana.

Por consequência, o espiritismo deixa de ser um "bicho papão", convertendo-se em arrimo poderoso nos momentos de aflição do adepto sincero, impulsionando-o na busca da luz interior e aproximando-o cada vez mais de Deus.

Capítulo 60

CARIDADE

Como devemos compreender a caridade?

Caridade é uma das formas de manifestação do amor. O amor é o conjunto das virtudes e se desenvolve e aprimora quando exercitado. Recluso na alma, chama-se egoísmo, que é o amor da criatura somente a si mesma. Sempre que exteriorizamos o amor, em qualquer das suas expressões, somos imediatamente abençoados pelo Amor Divino, que nos envolve nas graças da alegria, do bem-estar e da paz de consciência. Se recebemos o que damos, doando amor verdadeiro naturalmente estamos em condições de receber o amor do próximo.

Portanto, em relação à caridade, o primeiro pensamento que devemos ter é o de que a sua prática é um bem que fazemos a nós mesmos, embora o necessitado possa ser beneficiado com a nossa ação positiva. É que este de qualquer maneira receberia a ajuda, pois Deus sempre dá a cada um o que merece para a sua felicidade. Bendita a oportunidade que o Pai nos concede de praticar o bem, porque assim crescemos ao encontro da nossa felicidade.

Amplo é o leque da caridade, compreendendo qualquer ação que tenha por fim amparar o semelhante. A mais comum e a mais fácil é a caridade material, pela entrega ao carente de bens que lhe possam ser úteis, quais sejam: dinheiro, roupas, calçados e outros. A mais comum, porque o contingente de pobres no mundo é muito grande; a mais fácil, porque requer de nós apenas dar algo que, em regra, está nos sobrando.

A caridade moral é a que praticamos com maior dificuldade, mas que pela sua natureza está ao alcance de todos, ricos ou pobres. Não se requer dinheiro, mas um envolvimento pessoal junto ao irmão aflito, desde uma simples palavra de consolo e esperança até ações complexas, que muitas vezes nos comprometem o sossego, o tempo e relacionamentos. E mesmo que não nos seja possível um contato direto e pessoal com o necessitado, ainda assim podemos ajudá-lo com a prece ou pensamento positivos, pelos quais endereçamos a ele energias balsamizantes. Ninguém, pois, se diga incapaz de fazer caridade.

Todo bem que fazemos é importante, útil e conta em nosso favor. Porém, melhor será para nós se observarmos as recomendações de Jesus: que a mão esquerda não saiba o que dá a mão direita, querendo dizer que o bem que fazemos não deve ser anunciado. Se podemos auxiliar alguém, que o façamos em silêncio, para que este último não se sinta humilhado com a publicidade do fato. Não esperemos na Terra qualquer retribuição, nem mesmo do beneficiário, confiante de que Deus, que tudo vê e tudo sabe, recompensa a mancheias aquele que faz a Sua Vontade.

Não deve ser nossa preocupação fazer muita caridade, mas sim o que sinceramente podemos fazer, porquanto mais vale o pouco que oferecemos de coração do que o muito por ostentação, conforme o Cristo observou aos seus apóstolos quando uma pobre viúva depositou apenas duas moedas no recipiente de contribuições do templo judaico, enquanto os fariseus faziam questão de anunciar as muitas moedas que nele ofertavam.

O apóstolo Paulo colocou a caridade acima da fé e o espiritismo entende que fora da caridade não há salvação. Isso porque de nada vale a nossa fé se ela não nos leva a ser solidários com o próximo, a estender-

-lhe a mão quando está necessitado, a fazer-lhe todo o bem possível, seja ele quem for. A caridade é motivada pelo espírito de solidariedade e mais se desenvolve com a sua prática. Irradia-se e contagia a todos que se submetem aos seus eflúvios amorosos, transformando tristezas e desespero em esperança.

Destarte, praticar a caridade é um meio eficaz e necessário à eliminação das diferenças psicossociais existentes, à uma vivência solidária recíproca, para assim estabelecermos na Terra um mundo de igualdade e fraternidade entre as criaturas.

VOCÊ PRECISA CONHECER

Se sabemos, por que não fazemos?
José Maria Souto Netto
Autoajuda • 14x21 cm • 160 pp.

O autor se debruça sobre as lições do espiritismo e do evangelho de Jesus para oferecer algumas reflexões, propor atitudes que nos ajudem na prática, que deve ser simples e natural, e para demonstrar que todos podem avançar do conhecimento para a vivência, sair da ignorância para a atitude.

Reencarnação - questão de lógica
Américo Domingos Nunes Filho
Estudo • 16x22,5 • 320 pp.

Este livro vem esmiuçar o tema reencarnação, provando em vários aspectos a sua realidade. Seu autor, o médico pediatra Américo Domingos Nunes Filho, realizou um estudo criterioso e muito bem embasado nos textos bíblicos, em experimentos científicos, nos depoimentos de estudiosos de diversas áreas do conhecimento humano, constituindo-se numa obra que não comporta contestação por sua clareza e veracidade.

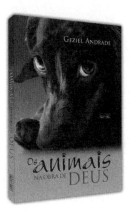

Os animais na obra de Deus
Geziel Andrade
Estudo • 14x21 • 272 pp.

Geziel Andrade vem nos mostrar, em seu livro *Os animais na obra de Deus*, como se processa a evolução do princípio inteligente.

Esse princípio inteligente, criado por Deus, percorre uma longa jornada, lenta e continuadamente, desde as formas mais primitivas, passando por inumeráveis experiências até atingir a condição humana, e daí, novamente, tem pela frente desafios e retornos à vida material até alcançar a angelitude, destino final de toda criatura.

VOCÊ PRECISA CONHECER

Espelho d'água
Mônica Aguieiras Cortat • Alice (espírito)
Romance mediúnico • 16x22,5 cm • 368 pp.

Em *O Livro dos Médiuns*, a mediunidade de cura está perfeitamente catalogada, deixando muito claro a importância do assunto, que é o tema central deste romance psicografado por Mônica Aguieiras Cortat, narrando a história das gêmeas Alice e Aline – cada uma com seus diferentes dons, adquiridos ao longo de muitas vidas.

Paixão & sublimação - A história de Virna e Marcus Flávius
Ana Maria de Almeida • Josafat (espírito)
Romance mediúnico • 14x21 • 192 pp.

Atravessando vários períodos da História, Virna e Marcus Flávius, os personagens desta história, serão submetidos ao cadinho das experiências e das provações e, como diamante arrancado da rocha, serão lapidados através das múltiplas experiências na carne até converterem-se em servos de Deus.

O faraó Merneftá
Vera Kryzhanovskaia • John Wilmot Rochester (espírito)
Romance mediúnico • 16x22,5 • 304 pp.

O livro *O faraó Merneftá*, personagem que representa uma das encarnações de Rochester, autor espiritual da obra, nos mostra com grande veracidade a destruição que o sentimento de ódio desencadeia na vida do espírito imortal.

Vivendo na época de Moisés, um tempo de repressão e disputa pelo poder, as paixões exacerbadas de seus protagonistas provocaram tragédias que demandariam muito tempo para serem superadas.

VOCÊ PRECISA CONHECER

O perispírito e suas modelações
Luiz Gonzaga Pinheiro
Doutrinário • 16x22,5 cm • 352 pp.

Com este trabalho o autor vai mergulhar mais fundo no fascinante oceano espiritual. Obra imperdível para conhecer sobre o perispírito, suas modelações e os reflexos das atitudes no corpo espiritual. "Uma notável contribuição para o espiritismo brasileiro", no dizer do escritor Ariovaldo Cavarzan

Getúlio Vargas em dois mundos
Wanda A. Canutti • Eça de Queirós (espírito)
Romance mediúnico • 16x22,5 cm • 344 pp.

Getúlio Vargas realmente suicidou-se? Como foi sua recepção no mundo espiritual? Qual o conteúdo da nova carta à nação, escrita após sua desencarnação? Saiba as respostas para estas e outras perguntas, agora em uma nova edição, com nova capa, novo formato e novo projeto gráfico.

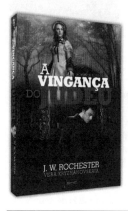

A vingança do judeu
Vera Kryzhanovskaia • J. W. Rochester (espírito)
Romance mediúnico • 16x22,5 cm • 424 pp.

O clássico romance de Rochester agora pela EME, com nova tradução, retrata em cativante história de amor e ódio, os terríveis fatos causados pelos preconceitos de raça, classe social e fortuna e mostra ao leitor a influência benéfica exercida pelo espiritismo sobre a sociedade.

Não encontrando os livros da EME na livraria de sua preferência,
solicite o endereço de nosso distribuidor mais próximo de você através de
Fones: (19) 3491-7000 / 3491-5449
(claro) 9 9317-2800 (vivo) 9 9983-2575
E-mail: vendas@editoraeme.com.br – Site: www.editoraeme.com.br